Printed in the USA
CPSIA information can be obtained
at www.ICGtesting.com
CBHW052352060724
11222CB00023B/767

9 789358 727524

جدید تر اردو غزل

(مضامین)

ڈاکٹر ارشد محمود ناشاد

© Dr. Arshad Mahmood Nashad

Jadeed-tar Urdu Ghazal *(Essays)*

by: Dr. Arshad Mahmood Nashad

Edition: June '2024

Publisher :

Taemeer Publications LLC (Michigan, USA / Hyderabad, India)

ISBN 978-93-5872-752-4

9 789358 727524

مصنف یاناشر کی پیشگی اجازت کے بغیر اس کتاب کا کوئی بھی حصہ کسی بھی شکل میں بشمول ویب سائٹ پر اَپ لوڈنگ کے لیے استعمال نہ کیا جائے۔ نیز اس کتاب پر کسی بھی قسم کے تنازع کو نمٹانے کا اختیار صرف حیدرآباد (تلنگانہ) کی عدلیہ کو ہو گا۔

© ڈاکٹر ارشد محمود ناشاد

کتاب	:	**جدید تر اردو غزل** (مضامین)
مصنف	:	**ڈاکٹر ارشد محمود ناشاد**
پروف ریڈنگ / تدوین	:	اعجاز عبید
صنف	:	غیر افسانوی نثر
ناشر	:	تعمیر پبلی کیشنز (حیدرآباد، انڈیا)
سالِ اشاعت	:	۲۰۲۴ء
صفحات	:	٦٦
سرورق ڈیزائن	:	تعمیر ویب ڈیزائن

جدید تر اردو غزل کا فنی مطالعہ

غزل کا قافلہ انجمنِ ترقی پسند مصنفین، حلقۂ اربابِ ذوق، حلقۂ ادبِ اسلامی، پاکستانی ادب اور لسانی تشکیلات کی تحریکوں اور کئی انفرادی رجحانات اور رویّوں سے اخذ واستفادہ کر کے ستر کی دہائی میں ایک نئے منطقے میں داخل ہوتا ہے جہاں تازہ کار شاعروں کا ایک گروہ اس کے لیے نئی بشارتوں کے در وا کرتا دکھائی دیتا ہے۔ ستر کے بعد کی غزل اپنے موضوعات، اسالیب، لفظیات اور تکنیک کے اعتبار سے جدید غزل سے مختلف ہے۔ جدید غزل نے ساٹھ کی دہائی میں واقعیت زدگی کے رجحان کی لپیٹ میں آکر اپنا تشخص کھو دیا اور جدید شعرا نے جدت کے شوق میں غزل کے منظر نامے پر ایسی مضحک تصویریں پیش کیں جو اس صنف کے مزاج سے کسی طور ہم آہنگ نہ تھیں۔ عام طور پر اس رجحان کی حامل غزل کو جدید غزل کا ردِ عمل قرار دے کر اسے "جدید تر غزل" کا نام دیا گیا ہے لیکن حقیقت یہ ہے کہ یہ غزل بدیہی طور پر جدید غزل سے جُڑی ہوئی ہے۔ جدید تر غزل یا مابعد جدید غزل کا اطلاق ستر کی دہائی میں ابھرنے والی غزل پر ہوتا ہے جو اپنے ظاہر اور باطن کے لحاظ سے جدید غزل سے مکمل طور پر الگ حیثیت کی حامل ہے۔ جدید تر غزل نے اپنی شناخت کے لیے نہ تو لسانی تجربوں کو بنیاد بنایا ہے اور نہ واقعیت زدگی ایسے رجحانات کو، اس میں رنگِ میر کی بازیافت کی شعوری کوشش کا عمل دخل نظر آتا ہے نہ یہ اسالیبِ غالب

و اقبال کے بوجھ تلے دبی ہوئی ہے۔ یہ غزل اپنے رنگ و روغن اور ظاہر و باطن کے لحاظ سے مختلف اور منفرد ذائقہ رکھتی ہے۔ جدید تر غزل نے غزل کی روایت کو استحکام اور توانائی عطا کی ہے۔ فنی اعتبار سے جدید تر غزل نے اظہار کے جن قرینوں کو رواج دیا ہے وہ غزل کی تابانی کو بہت دیر تک قائم رکھنے کی صلاحیت رکھتے ہیں۔ جدید تر غزل میں ترکیب سازی، علامات و استعارات کا استعمال اور پیکر تراشی کے رجحانات ایک نئی صورت میں ظاہر ہوئے ہیں۔ ان تکنیکی عناصر کے باعث نئے معنوی تناظرات اجاگر ہوئے ہیں جو عصری میلانات اور جدید حسیت کی مؤثر پیش کش میں اہم کردار ادا کرتے ہیں۔ علامتی اور استعاراتی اظہار نے غزل کی تہ داری اور رمزیت میں اضافہ کیا ہے۔ جدید تر غزل میں تلمیحات کا استعمال ایک خاص انداز سے سامنے آیا ہے۔ قدیم تاریخی اشارے اور تلمیحات نئے سیاق و سباق میں گندھے ہوئے دکھائی دیتے ہیں۔ جدید تر غزل میں اوزان و بحور کا تنوع دیدنی ہے۔ شعرا نے مروج اوزان میں ارکانِ عروضی کی کمی بیشی سے آہنگ کی نئی اور خوش آیند صورتوں کو رواج دیا ہے۔ اوزان و بحور کے ان تجربوں کے باعث عروضی نظام کا جمود تحرک آشنا ہوا ہے۔ جدید تر غزل کی تعمیر و تشکیل میں جن شعرا نے اہم کردار ادا کیا اور تکنیکی، اسالیبی اور صوتی حوالوں سے غزل کے نئے آفاق کی بشارت دی، ذیل میں ان کی غزل کا اجمالی جائزہ پیش کیا جاتا ہے۔

اسلم انصاری، خورشید رضوی اور غلام محمد قاصر اگرچہ ستر کی دہائی سے بہت پہلے مطلعِ سخن پر نمودار ہوئے اور اپنے کلام کی نفاست اور لہجے کی نُدرت کے باعث مقبول ٹھہرے مگر ان کا اسلوبِ خاص جو ان کی شناخت کا وسیلہ بنا، ستر کی دہائی میں

اپنی تکمیلی صورت میں ظاہر ہوا۔ غزلیہ روایت کے تہذیبی عناصر اور فکر و فن کے کامل ادراک کے باعث ان شاعروں نے جدید تر غزل کی داغ بیل ڈالی۔ ان کی غزلوں میں "جدید غزل" کی مخصوص چاردیواری سے باہر نکل کر نئی منزلوں کی طرف بڑھنے کی کیفیت واضح طور پر دکھائی دیتی ہے۔

اسلم انصاری کی غزل پر ناصر کاظمی کے رنگِ خاص کی چھوٹ پڑتی نظر آتی ہے لیکن اس سے اسلم کے انفرادی رنگ کا نقش ماند نہیں پڑتا۔ ناصر سے استفادہ اُس ذہنی اور فکری قربت کا آئینہ دار ہے جس کے باعث ناصر نے اسلم انصاری کو اپنا ہم عصر قرار دیا ہے۔(۱) اسلم انصاری کی غزل روایت کی کوکھ سے پھوٹتی ہے اس لیے اس کے خارج اور باطن میں غزلیہ روایت کے تمام نقش و نگار اپنی جلوہ سامانیوں کے ساتھ دکھائی دیتے ہیں۔ ڈاکٹر نجیب جمال کے بقول:

" اس کی غزل میں اُردو کی شعری روایت کا تسلسل اپنے تمام تر تہذیبی و سماجی تناظر کے ساتھ اس کے انفرادی لہجے میں ڈھلتا ہے۔ اسلم انصاری کی غزل خارجی تجربے اور داخلی واردات کی کش مکش کو اظہار کا قرینہ عطا کرتی ہے اور جذبہ، تخیل اور فکر کے تثلیثی امتزاج کی حامل ہے۔"(۲)

اسلم انصاری کی غزل میں تمثال کاری کا ہُنر اپنی تمام خصوصیات کے ساتھ عکس فگن ہے۔ ان کی تمثالوں میں ان کا عہد پوری طرح سانس لیتا دکھائی دیتا ہے۔ اگر تصویر سازی اور پیکر تراشی میں زبان و بیان کی جملہ نزاکتیں اور رعنائیاں گندھی ہوئی نہ ہوں تو تصویریں محض خارج کا اظہاریہ بن جاتی ہیں ان میں قلب و نظر سے کلام کرنے کی صلاحیت پیدا نہیں ہو سکتی۔ اسلم کی تمثال کاری میں صرف "موجود"

عکس ریز نہیں ہوتا بلکہ "ناموجود" بھی جھلکتا ہے جو ان کے خوابوں، خواہشوں اور تمناؤں کے رنگ سے تشکیل پاتا ہے۔ یہ سارا تخلیق عمل اسلم انصاری کی فنی پختگی اور تکنیکی مہارت کا منہ بولتا ثبوت ہے۔ انہوں نے عام فہم اور مانوس لفظیات کو نیا مفہومی منظر نامہ عطا کیا ہے جو عہدِ جدید سے غزل کی ہم آہنگی کا ایک اہم ذریعہ ہے۔ اسلم انصاری کے اسلوب کی سج دھج اور دل کشی ذیل کے اشعار سے مترشح ہے:

اپنی صدا کی گونج ہی تجھ کو ڈرانہ دے
اے دل طلسمِ گنبدِ شب میں صدا نہ دے   (خواب و آگہی۔ص)

جوئے نغمات پہ تصویر سی لرزاں دیکھی
لبِ تصویر پہ ٹھہرا ہوا نغمہ دیکھا   (ایضاً۔ص)

جسے درپیش جدائی ہو اسے کیا معلوم
کون سی بات کو کس طرح بیاں ہونا ہے   (ایضاً۔ص)

خفا نہ ہو کہ ترا حسن ہی کچھ ایسا تھا
میں تجھ سے پیار نہ کرتا تو اور کیا کرتا   (ایضاً۔ص)

خورشید رضوی کی غزل بھی کلاسیکی معیارات کے سانچے میں ڈھلی ہوئی ہے۔ ان کی غزل سرائی کے ابتدائی دور میں لسانی تشکیلات کے رجحانات نے "جدید غزل" کو اپنی لپیٹ میں لے رکھا تھا۔ اس دور کے اکثر غزل گو شاعر الا ما شاء اللہ جدت کے شوق میں مختلف زبانوں کے الفاظ کو غیر فن کارانہ انداز سے غزل میں شامل کر کے داد وصول کر رہے تھے۔ اس دور میں ان رجحانات سے اپنے آپ کو بچا لینا آسان کام نہ تھا۔ خورشید رضوی ان معدودے چند تخلیق کاروں میں شامل ہیں جنہوں نے ان لسانی رجحانات کے کھوکھلے پن اور سطحیت کو محسوس کرتے ہوئے اپنے آپ کو ان سے الگ رکھا۔ انہوں نے غزل کی پُرانی لفظیات میں معنویت کی تازگی شامل کر کے یہ ثابت کر دیا کہ فن کے اسرار و رموز سے آشنائی تخلیق کار گھسے پٹے الفاظ کے قالب میں بھی نئی روح پھونک کر انہیں حیاتِ نو کی لذت سے سرشار کر سکتا ہے۔

خورشید رضوی نے مشرقی زبانوں بالخصوص عربی اور فارسی کے ادبیات کے مطالعے سے اظہار کے ان وسیلوں سے فائدہ اٹھایا جو عام غزل گو شاعروں کی نگاہوں سے اوجھل رہے ہیں۔ ان کے علم و فضل نے بہ قول مظفر علی سید ان کی شاعری کو نقصان نہیں پہنچایا بلکہ ثروت مند کیا ہے۔ خورشید رضوی نے تشبیہات و استعارات اور علامات و اشارات کے اچھوتے اور کم یاب رنگوں سے غزل کی زیب و زینت میں اضافہ کیا ہے۔ زبان و بیان پر کامل گرفت اور لفظیات کے استعمال کا شعور ان کی قدرتِ کلام کا مظہر ہے۔ چند شعر دیکھیے:

دل میں یوں اُترا کسی کی ساعدِ سیمیں کا دھیان

شاخِ گل جس طرح دیوارِ قفس سے آ لگے

تم صبا کی طرح آئے اور رخصت ہو گئے
ہم مثالِ شاخِ تنہا دیر تک لرزاں رہے

کب نکلتا ہے کوئی دل میں اُتر جانے کے بعد
اس گلی کی دوسری جانب کوئی رستہ نہیں

لبوں پہ آج سرِ بزم آ گئی تھی بات
مگر وہ تیری نگاہوں کی التجا کہ 'نہیں'

غلام محمد قاصر نے مضامین کی جدت اور اظہار کی نُدرت کے ساتھ جدید تر غزل کی تعمیر و تشکیل میں نمایاں کردار ادا کیا۔ ان کی غزل میں زبان کا رکھ رکھاؤ اور بندشوں کا حسن غزل کی روایت میں اضافے کی حیثیت رکھتا ہے۔ قاصر کے ہاں اوزان و بحور کی تازہ کاری نئے صوتی امکانات کی نشان دہی کرتی ہے۔ انہوں نے مروج بحور میں ارکان کی کمی بیشی سے نئے اوزان کے کام یاب تجربے کیے ہیں جو ان کی عروض آشنائی کا ثبوت فراہم کرتے ہیں، قاصر نے متوسط اور طویل بحروں میں زیادہ غزلیں کہی ہیں۔ بحروں میں بسرام کے التزام کے باعث ان کے غزلیہ آہنگ میں روانی اور بہاؤ کی نسبت ٹھہراؤ کی کیفیت نمایاں ہے۔ چند اشعار بہ طور مثال

دیکھیے:

پلکوں پہ چمکنے سے پہلے تاروں کو کیا تسخیر تو کیا
وہ شخص نظر بھر رک نہ سکا، احساس تھا دامن گیر تو کیا

خوش ہوں کہ کسی کی محفل میں ارزاں تھی متاعِ بیداری
اب آنکھیں ہیں بے خواب تو کیا، اب خواب ہیں بے تعبیر تو کیا

تابندہ تاروں کا تحفہ صبح کی خدمت میں پہنچا
رات نے چاند کی نذر کیے جو تارے کم چمکیلے تھے

سو گئے سارے مسافر منزلیں محوِ سفر ہیں
پھر بیاضِ رہ گزر میں آہٹوں کا رتجگا لکھ

کشتی بھی نہیں بدلی، دریا بھی نہیں بدلا
اور ڈوبنے والوں کا، جذبہ بھی نہیں بدلا

صابر ظفر جدید تر غزل سراؤں میں اپنے لہجے کی سادگی، بیان کی رعنائی اور موضوعات کی ندرت کے لحاظ سے الگ سے پہچانے جاتے ہیں۔ انہوں نے اپنے ذاتی تجربات و مشاہدات اور کیفیات و احساسات کو جس فنی اہتمام کے ساتھ غزل میں

شامل کیا ہے اس میں کہیں بھی تصنع اور بناوٹ کو دخل نہیں۔ صابر ظفر کی غزل میں غزل کی روایت اپنے تمام تر رنگوں کے ساتھ عکس ریز ہوئی ہے۔ انھوں نے غزل کی روایت کو صرف تحفظ ہی فراہم نہیں کیا بلکہ اس میں اپنے زمانے کا رنگ رس بھی شامل کر کے اس کی تاب ناکی اور جمالیات میں اضافہ کیا ہے۔ صابر ظفر کی غزل میں بہ ظاہر کوئی ایسا آرائشی اور زیبائشی عنصر شامل نہیں ہے جو چونکانے اور متوجہ کرنے کی صلاحیت رکھتا ہو، ان کے ہاں تشبیہات و استعارات اور تراکیب و محاورات کا استعمال بھی کم کم ہوا ہے لیکن اس کے باوجود ان کے اشعار میں وہ سرشاری اور لطافت ہے جو دیر تک قلب و نظر کو اپنی گرفت سے آزاد نہیں ہونے دیتی۔ الفاظ کے در وبست اور مصرعوں کی بُنت میں ان کا فنی تجربہ اور تخلیقی ریاضت جھلکتی ہے۔ ذیل کے اشعار ان کی اس خلاقی اور ہُنر مندی کے گواہ ہیں:

کلام کرتا ہوا، راستہ بناتا ہوا
گزر رہا ہوں میں اپنی فضا بناتا ہوا (پاتال۔ ص ۷)

وہ درد ہی نہیں جس نے دوا کی مہلت دی
وہ زخم ہی نہیں جو اندمال تک پہنچا (ایضاً۔ ص ۱۸)

کہیں کہیں کوئی تارا، کہیں کہیں میں
نظر کے سامنے وہ شکل خال خال آئی (ایضاً۔ ص ۶۰)

صورتِ مرگ فقط راہ کی ٹھوکر نکلی

زندگی تو مرے اندازے سے کم تر نکلی (دھواں اور پھول۔ ص

۱۲)

شہر آئے تو سمندر نے اسے چھین لیا

عکس لائے تھے جو اک گاؤں کے تالاب سے ہم (ایضاً۔ ص ۳۱)

صابر ظفر کے کلام کے عروضی مطالعے سے ظاہر ہوتا ہے کہ انھوں نے ایسے اوزان کا استعمال شعوری طور پر کیا ہے جن کو اُردو غزل کے لیے کم کم برتا گیا ہے۔ جدید تر غزل کے لیے ایسے اوزان کا استعمال نغمگیت اور آہنگ کی نئی صورتوں اور لطافتوں کا غماز ہے۔ صابر ظفر کے معاصرین کے ہاں بھی اس رویے کی جھلکیاں دکھائی دیتی ہیں۔ صابر ظفر کے ہاں چند ایسے قلیل الاستعمال اوزان کا استعمال دیکھیے:

بحرِ مدید مثمن مکفوف (فاعلاتُ فاعلن فاعلاتُ فاعلن)

دن سراب کی طرح، رات خواب کی طرح

قیدِ روز و شب بھی ہے اک عذاب کی طرح (پاتال۔ ص ۷۶)

بحرِ منسرح مثمن مطوی منحور (مفتَعِلن فاعلاتُ مفتَعِلن فع)

لب پہ کسی کے سوال کوئی نہیں ہے

جیسے کسی کو ملال کوئی نہیں ہے (ایضاً۔ ص ۶۳)

بحر ہزج معشر محذوف (مفاعیلن مفاعیلن مفاعیلن مفاعیلن فعولن)

سلامت ہیں اگر آنکھیں تو چہرہ کیوں نظر آتا نہیں ہے
مگر دیکھو تمہارے سامنے دیوار ہے شیشہ نہیں ہے (ایضاً۔ ص۱۹)

بحر مجتث مثمن مخبون (مفاعلن فعِلاتن مفاعلن فعِلاتن)

گریز پا ہے جو مجھ سے اسی کے پاس بہت ہوں
میں اپنے وعدے پہ قائم ہوں اور اداس بہت ہوں (ایضاً۔ ص۲۱)

بحر مثمن اُشتر سالم (فاعلن مفاعیلن فاعلن مفاعیلن)

میں گریز کیا کرتا اس کے ساتھ چلنے سے
زخم تو نہیں بھرتا راستہ بدلنے سے (ایضاً۔ ص۲۷)

بحر متدارک معشر سالم (فاعلن فاعلن فاعلن فاعلن فاعلن)

سب ستم یاد ہیں ساری ہمدردیاں یاد ہیں
اجنبی دھوپ میں آشنا سائباں یاد ہیں (ایضاً۔۴۳)

بحر متدارک دوازدہ رکنی سالم (فاعلن فاعلن فاعلن فاعلن فاعلن فاعلن)

حد سے بڑھنے لگا ظلم کا سلسلہ دل نہیں لگ رہا

اس نے احوال پوچھا تو میں نے کہا دل نہیں لگ رہا (ایضاً۔ ص٦٦)

بحر ہزج مثمن مقبوض مجبوب (مفاعلن مفاعلن مفاعلن فَعَل)

وہی ہے غم مگر غم آشنا نہیں رہا
کسی سے بات چیت کا مزہ نہیں رہا (ایضاً۔ ص٥٨)

ثروت حسین جدید تر عہد کا وہ سحر کار شاعر ہے جس نے غزل کے قالب میں اپنے عہد کی حساسیت کو متشکل کرنے کے لیے قدیم تلمیحاتی رنگوں کو فن کارانہ ہُنر مندی سے استعمال کیا ہے۔ ان کے ہاں تلمیحات کے استعمال نے شعر کی تہ داری اور رمزیت میں اضافہ بھی کیا ہے اوراس کے ساتھ ساتھ شعر میں مفاہیم کی کئی پرتوں کو بھی ابھارا ہے۔ تلمیحات کے ذریعے ثروت حسین نے حال اور ماضی کے زمانوں کو ہم آہنگ کر کے انسانی سائیکی کے بدلتے ہوئے رنگوں کی تاریخ مرتب کی ہے۔ ذیل کے چند اشعار دیکھیے:

فراتِ فاصلہ سے دجلۂ دعا سے اُدھر
کوئی پُکارتا ہے دشتِ نینوا سے اُدھر (آدھے سیارے پر۔ ص)

چہرۂ بلقیس پر آنکھ ٹھہرتی نہیں
صبحِ یمن کا سماں خوب ہے اپنی جگہ (ایضاً۔ ص)

اک روز میں بھی باغِ عدن کو نکل گیا
توڑی جو شاخِ رنگ فشاں، ہاتھ جل گیا (خاک دان۔ ص ۳۳)

کبھی بلقیس کبھی شہرِ صبا لگتی ہے
شاعری تختِ سلیماں سے سوا لگتی ہے (ایضاً۔ ص ۳۹)

جتنے تراشیدہ پیکر تھے ابراہیم نے توڑ دیئے
ثروت اس بُت خانۂ شب میں آنکھ لگی جو آزر کی (ایضاً۔ ص ۶۱)

ثروت حسین کی غزل تکنیکی اور فنی حوالے سے ان کی پُختہ کاری کی عکاس ہے۔ زبان و بیان کے قرینے، بند شوں کی دل کشی، تراکیب کی جدت اور دیگر تکنیکی عناصر کا حسن کارانہ استعمال ثروت حسین کی غزل کو معاصر شعرا سے ممیز کرتا ہے۔ انہوں نے غزل کے لیے نئی زمینیں وضع کیں جن میں ردیف و قوافی کی جھنکار آہنگ کی نئی اور خوش آیند صورتیں پیدا کرتی ہے۔ ان کی غزل مکمل طور پر کلاسیکی معیارات کے سانچے میں ڈھلی ہوئی ہے۔ ان کے اسلوب کی کھنک اور لہجے کی شوکت ان کی غزل کو مجموعی طور پر رجائیت کے احساس سے بہرہ مند کرتی ہے۔ ثروت حسین کے انوکھے طرزِ اظہار نے ان کے اسلوب کو انفرادیت کا وہ ذائقہ عطا کیا ہے جس پر کسی اور غزل گو شاعر کے رنگ سخن کی چھاپ دکھائی نہیں

دیتی۔ موضوع کا نیا پن اور اظہار کی جدت کا اندازہ ذیل کے اشعار سے کیا جا سکتا ہے:

زمیں ہم سے تری بے رونقی دیکھی نہیں جاتی
کہیں دریا بہائیں گے، کہیں باغات رکھیں گے (خاک دان۔ ص ۷۰)

موجۂ آبِ رواں کہتی ہے
مجھ پہ بنیادِ مکاں رکھیو مت (ایضاً۔ ص ۳۷)

قندیلِ مہ و مہر کا افلاک پہ ہونا
کُچھ اس سے زیادہ ہے مرا خاک پہ ہونا (ایضاً۔ ص)

جلیل عالی جدید تر غزل کے اہم شاعروں میں شامل ہیں۔ انھوں نے غزل کی روایت کو پورے تخلیقی رچاؤ کے ساتھ اپنایا اور اس کی تابانی میں اپنے زمانے کے رنگ رس کو شامل کرنے کی کوشش کی۔ عالی کی غزل فنی اور تکنیکی حوالوں سے بھی کلاسیکی معیارات پر پوری اترتی ہے۔ لفظیات کے چناؤ اور مصرعے کے بُنت میں انھوں نے ہُنر مندی کا جادو جگایا ہے۔ صناعانہ عناصر کے مؤثر استعمال نے ان کی غزل کو دل کشی اور خوش رنگی عطا کی ہے۔

جلیل عالی کی غزل میں غیر اضافتی تراکیب کا استعمال ایک رجحان کی حیثیت رکھتا ہے۔ اگرچہ ان کے معاصر شعرا کے ہاں بھی ترکیب مقلوبی کے استعمال کی عمدہ مثالیں دکھائی دیتی ہیں مگر عالی نے جس تواتر اور تسلسل کے ساتھ ترکیبِ مقلوبی کے ذریعے نئے معنوی آفاق روشن کیے ہیں اس میں ان کا کوئی حریف

نہیں۔ عالی کے اس رجحان کی ایک جھلک ذیل کے اشعار میں دیکھیے:

شوق سمندر کے ساحل پر دل نے اس موسم
شہر بسائے کتنے، ہر اک شہر میں گھر کتنے

چمکی یہ کس خیال ستارے کی روشنی
اپنی انا کا چاند بھی بے نور ہو گیا

دل پھر کوئی صلح کی صورت ڈھونڈ رہا ہے
سوچ محاذوں پر شہ مات سے پہلے پہلے
تیری میری آنکھ میں حیراں ایک ہی منظر
ایک ہی روشن خواب دریچہ تیرا میرا

عالی رُتیں بھی بھول گئیں چاند ذائقے
ہم نے بھی من کی موج کا دفتر الٹ دیا

علی اکبر عباس نے جدید تر غزل کو نئی شعریات کے ذائقے سے سرشار کیا ہے۔ ان کے ابتدائی شعری مجموعے "بر آبِ نیل" اور "درِ نگاہ سے" غزل کے روایتی تصور کے امین اور پاسدار ہیں، یہ مجموعے موضوعات کی نُدرت کے باوجود علی اکبر عباس کی انفرادیت کا کوئی نقش ابھارنے میں کام یاب نہیں ہوئے۔ ان کی

شناخت ان کے منفرد شعری کارنامے "رچنا" کی مرہونِ منت ہے۔ "رچنا" میں شامل غزلیں اپنے موضوعات، لفظیات، اسلوب اور تکنیک کے اعتبار سے ایک مختلف اور منفرد ذائقہ رکھتی ہیں۔ علی اکبر عباس نے اپنے علاقے کی تہذیبی اور معاشرتی زندگی کے ہمہ رنگ نقوش کو ہُنر مندی اور مہارت کے ساتھ غزل کے آئینے میں سجایا ہے، بہ قول غلام حسین ساجد:

"'رچنا' اُس کا ایک ایسا شعری کارنامہ ہے جس کے ذریعے علی اکبر عباس نے اُردو غزل کے آوارہ صفت رویّوں کو ایک گھر دیا ہے، جو صرف ایک قطعۂ ارضی پر کھڑی کی جانے والی بے روح در و دیوار کی تجسیم سے مملو نہیں بلکہ اپنے مکینوں کی دھڑکتی زندگیوں کی امین بھی ہے۔" (۳)

"رچنا" میں شامل غزلیں فکری اعتبار سے ایک دوسرے سے جُڑی ہوئی ہیں۔ ہر غزل انفرادی خدوخال رکھنے کے باوجود اس شعری نظام کا حصہ ہے جو تہذیبی عناصر کی پیش کش کے لیے علی اکبر عباس نے تشکیل دیا ہے۔ غزل کی مخصوص لفظیات میں اس معاشرت کی مؤثر تصویریں ابھارنا ممکن نہ تھا اسی لیے علی اکبر عباس نے پنجابی زبان سے بھرپور استفادہ کر کے اپنے لیے نئی شعری زبان وضع کی ہے۔ اس شعری زبان کی تشکیل میں اگرچہ شعوری کوشش کارفرما ہے مگر تکلف اور تصنع کا دور دور تک گزر نہیں البتہ اجنبیت اور نامانوسیت کے باعث یہ زبان مروج شعری لفظیات سے پوری طرح ہم آہنگ نہیں۔ "رچنا" میں مستعمل اوزان و بحور منفرد صوتی آہنگ کی فضا پروان چڑھاتے ہیں۔ متدارک اور متقارب کی شانزدہ رکنی بحروں میں موسیقیت کا بہاؤ اپنے جوبن پر ہے۔ "رچنا" کا موضوعاتی،

تکنیکی، لسانی اور صوتی سراپا ذیل کی غزل کے آئینے میں پوری طرح جلوہ گر ہے:

دن چڑھا، گلی آباد ہوئی بُڑھیوں کی جمی چوپال بھلا
گودوں میں پوتے پوتیوں کی کبھی ناک بہے کبھی رال بھلا

کوئی چرخا ڈاہ لو گڑ کاتے، کوئی بالوں کی رسی باٹے
کوئی کھیس کے بُمبل باندھے تو کوئی لگ جائے اس کے نال بھلا

کوئی چھاج چنگیز بُنے بیٹھی، یار نگلی پَنیوں کی پنکھی
کوئی چاول پھٹکے صاف کرے، کوئی چُنے بیٹھ کے دال بھلا

سُن پھیری والے کی گھنٹی، کسی بچے نے جوروں راں کی
چُنی کا کونہ کھول کہا، لو ایک ٹکا میرے لال بھلا

کُچھ دُکھ سُکھ پچھلے ویلے کے، کُچھ یادیں الھڑ عمروں کی
سب اگلی پچھلی باتوں تک پھیلے باتوں کا جال بھلا

کوئی شادی ہے یا گود بھری، کوئی مر ایا مرنے والا ہے
سب اک دوجی کو آن کہیں سارے گاؤں کا حال بھلا

کھڑکی سے بہو آوازیں دے، چل اندر آ جا ہُن بے بے
مجھے ہانڈی روٹی کرنی ہے، نِکڑے کو آن سنبھال بھلا

کل ان کی کوئی بہو بیٹی یہ سب کُچھ دوہراتی ہو گی
اللہ کرے ان گلیوں کے یونہی بیتیں ماہ و سال بھلا

(رچنا۔ ص)

پروین شاکر (۱۹۵۲ء تا ۱۹۹۴ء) جدید تر غزل کی سب سے مقبول شاعرہ کی حیثیت سے سامنے آئیں۔ ان کے اولین مجموعۂ کلام "خوشبو" کا پاکستان اور ہندوستان میں والہانہ استقبال ہوا، نوجوان نسل نے بالخصوص اسے ہاتھوں ہاتھ لیا اور یوں اس مجموعے کے باعث بہ قول پروین شاکر "محبت کے روایتی تحفوں" میں اضافہ ہوا۔ "خوشبو" میں جذبے کی شدت اور وارفتگی مخصوص نسوانی لحن میں ڈھلی ہوئی ہے۔ عشق و محبت کی گریز پا کیفیتوں اور جذباتی رویّوں کی ناقابلِ بیاں حالتوں کو پروین شاکر نے ہُنر مندی کے ساتھ شعر کے سانچے میں ڈھالا ہے۔ چاند، خوشبو، پھول، بارش، جگنو، تتلی، گلاب، شہر اور چڑیا جیسے مخصوص استعارات و علامات اور ردا، نقاب، آنچل، گھونگھٹ، ساری، دوپٹہ، دلہن، حنا، جُوڑا وغیرہ جیسے نسوانی رنگ کے حامل الفاظ کے معنی خیز استعمال سے اظہار کی نئی جہات سامنے آئیں۔ پروین شاکر نے عورتوں کے احساسات، میلانات اور رویّوں کے حامل مضامین کو بے باکی اور جرأت کے ساتھ غزل میں شامل کرکے اس کے دائرۂ موضوعات کو وسعت بخشی۔ نسوانیت کا یہ مخصوص رنگ اُردو غزل میں پروین سے پہلے بھی کہیں کہیں دکھائی دیتا

ہے مگر اس کے نقوش مدھم اور خد و خال بُجھے بُجھے ہیں۔ پروین شاکر نے اس رنگ کو وضاحت اور شوخی سے ہم کنار کیا۔ نسوانی رنگ میں ڈوبے ہوئے ذیل کے اشعار دیکھیے:

میں اس کی دسترس میں ہوں، مگر وہ
مجھے میری رضا سے مانگتا ہے   (خوشبو۔ص ۳۵)

تُجھے مناؤں کہ اپنی انا کی بات سنوں
اُلجھ رہا ہے مرے فیصلوں کا ریشم پھر   (ایضاً۔ص ۶۲)

کمالِ ضبط کو خود بھی تو آزماؤں گی
میں اپنے ہاتھ سے اس کی دلہن سجاؤں گی   (ایضاً۔ص ۲۱۲)

میں پھول چُنتی رہی اور مجھے خبر نہ ہوئی
وہ شخص آ کے مرے شہر سے چلا بھی گیا   (ایضاً۔ص ۹۹)

سوتی رہی آنکھ دن چڑھے تک
دلہن کی طرح تھکن سمیٹے   (ایضاً۔ص ۳۲۵)

"خوشبو" میں شامل غزلوں میں اگرچہ جذباتی زندگی کی خوش رنگ اور نظر کشا تصویریں ملتی ہیں تاہم موضوعات کا تنوع جیسا کہ جدید تر غزل میں دکھائی دیتا

ہے، پروین کے ہاں نہیں ملتا۔ انہوں نے صرف عشق و محبت کے روایتی موضوعات کو نئے نسوانی لحن کے ساتھ پیش کیا ہے. اس تحدید کے باعث ان کے ہاں ایک ہی موضوع ذرا سے لفظی تغیر کے ساتھ بار بار سامنے آتا ہے۔ "خوشبو" کی غزلیں تکنیکی اور فنی اعتبار سے بلند درجہ کی حامل نہیں۔ تعقید، حشو وزواید کی کثرت اور بندشوں کی سستی کئی مقامات پر شعر کی تاثیر کو کم کرنے کا سبب بنی ہے۔ اس میں شُبہ نہیں کہ "خوشبو" کی غزلیں نغمگیت اور موسیقیت کی دل کشی سے عبارت ہیں تاہم بعض مقامات پر مصرعے وزن سے خارج ہو کر اس نغمگیت کو مجروح کر دیتے ہیں۔ ایسے چند مصرعے ملاحظہ ہوں:

واں شہر ڈوبتے ہیں، ادھر بحث کہ نہیں (خوشبو۔ ص)

میں ان سے خود کو ضرب دوں کہ منقسم کرلوں (ایضاً۔ ص)

تیرا پہلو ترے دل کی طرح آباد رہے (ایضاً۔ ص)

الوداع ثبت ہوئی تھی جس پر (ایضاً۔ ص)

لے جائیں مجھ کو مالِ غنیمت کے ساتھ عدو (ایضاً۔ ص)

"خود کلامی" اور "صد برگ" کی غزلوں پر "خوشبو" کی گہری چھاپ دکھائی دیتی ہے تاہم ان مجموعوں میں شامل غزلیں اس سرشاری سے محروم دکھائی دیتی ہیں جو "خوشبو" کی غزلوں کا طرۂ امتیاز ہے۔ فنی اور فکری حوالے سے پروین شاکر کا آخری مجموعۂ کلام "انکار" باقی مجموعوں سے ممتاز حیثیت کا حامل ہے۔ یہ مجموعہ موضوعاتی تنوع اور فکری گہرائی کے ساتھ ساتھ قدرتِ فن کا بھی غماز ہے۔ اس مجموعے میں تکنیکی عناصر کے استعمال اور مصرعوں کے دروبست میں حسن جھلکتا

ہے۔ "انکار" کی غزلوں میں بھی محبت ایک غالب موضوع کی حیثیت رکھتی ہے تاہم اس میں شدید جذباتی کیفیت اور ہیجانی انداز کی بجائے توازن اور گہرائی دکھائی دیتی ہے:

دل تو اس راہ پہ چلتا ہی نہیں
جو مجھے تُجھ سے جدا کرتی ہے (انکار۔ ص)

میں تو تا عمر ترے شہر میں رُکنا چاہوں
کوئی آکر مرا اسبابِ سفر تو کھولے (ایضاً۔ ص)

غلام حسین ساجد کی غزل منفرد تکنیکی سراپے کے باعث جدید تر غزل میں اپنی الگ شناخت رکھتی ہے۔ انہوں نے عہدِ جدید کے انسانوں کے ذہنی سفر کو مختلف کائناتی مظاہر کے ذریعے آشکار کرنے کی کوشش کی ہے۔ ساجد کے ہاں غزل کی روایتی ڈکشن کے ساتھ ساتھ نئی علامتی معنویت کی حامل لفظیات شعوری کوشش کے نتیجے میں سامنے آتی ہے۔ ذوالفقار احمد تابش کے بہ قول:

" ساجد کی مخصوص تمثالوں، علامتوں اور استعاروں میں آئینہ، چراغ، پھول، بہار، ستارہ، آمان، مٹی اور ہوا وغیرہ زیادہ اہم ہیں۔ اس نے اپنے شعری نظام کی مدد سے نہ صرف یہ کہ ان لفظوں کے باطنی امکان کو ظاہر کیا ہے بلکہ اپنی شاعری میں بھی ایک ایسی مابعد الطبیعاتی گہرائی پیدا کی ہے جو صرف اسی سے مخصوص ہے۔"(۴)

ساجد نے لفظیات کی تشکیل میں داستانی عناصر سے بھی استفادہ کیا ہے ان

کی غزلوں میں طلسمی ستارہ، طلسمی نہر، طلسمی خواب، الیاس، ظلِ ہُما، جہانِ غیب، طلسمی شہر، عشتار، سلیمان اور سبا جیسے الفاظ و مرکبات کا استعمال جا بہ جا دکھائی دیتا ہے۔ یہ مخصوص مزاج کی حامل ڈکشن غزل کی فضا میں حیرانی کا عنصر شامل کرتی ہے۔

غلام حسین ساجد نے اپنے شعری مجموعوں "موسم" اور "عناصر" میں ایک مربوط شعری نظام تشکیل دیا ہے۔ اوّل الذکر مجموعے میں بہار، سعیر، برشگال، زمہریر، خزاں اور قدیم جب کہ ثانی الذکر میں مٹی، پانی، آگ، ہوا اور خواب کے حوالے سے بیس بیس غزلیں شامل ہیں۔ موسموں میں قدیم اور عناصر میں خواب کا اضافہ ساجد کے مابعد الطبیعاتی رجحان کا عکاس ہے۔ مربوط شعری نظام کے باعث ساجد کی غزلیں تسلسلِ خیال کی آئینہ دار ہیں تاہم ایک ہی عنصر یا موسم کے حوالے سے بیس غزلیں کہنے کا شعوری التزام میکانکی انداز کا حامل دکھائی دیتا ہے۔ یہ میکانکی انداز کہیں کہیں ابھر کر سامنے آتا ہے جس سے غزل کی لطافت مجروح ہوتی ہے۔ مثال کے طور پر ذیل کے اشعار دیکھیے:

کہاں محصور کرتی ہے مناظر کو ہوا میری
جکڑ سکتی ہے لیکن ایک شاعر کو ہوا میری

بھلے سے راکھ ہو رہیں گے یہ زمین و آسماں
مگر بدل نہ پائے گا شعار میری آگ کا

بے کار چل رہے ہیں راہِ سلوک پر ہم
اس راستے پر اس کو اندازہ خواب کا ہے

میں ہوں مٹی کی حمایت کے لیے تیار بھی
اور اس مٹی پہ میری جنگ بھی مٹی سے ہے

محمد اظہار الحق جدید تر غزل کے منفرد اور صاحبِ اسلوب شاعر ہیں۔ انہوں نے موضوعات کی تابانی سے ہی غزل کے منظر نامے کو مستنیر نہیں کیا بلکہ لفظیات اور تکنیک کے اعتبار سے بھی انہوں نے غزل پر نئی صورتوں کے دروازے کھولے اور اس کے پیکر کو رعنائیوں کا مرقع بنا دیا۔ اظہار کی شاعری میں اسلامی تہذیب و تمدن کے روشن زمانے اپنے تمام تر جاہ و جلال کے ساتھ جلوہ گر ہیں۔ مسلم تہذیب کی ثروتوں کے اظہار کے لیے انہوں نے فقر و درویشی اور سلطنت و شاہی کے عناصر اور علامتیں استعمال کر کے غزل کے دائرۂ لفظیات کو کشادگی عطا کی ہے۔ لفظیات کا یہ چناؤ ان کے تاریخی شعور اور تہذیبی میلان کا گواہ ہے۔ "تخت، کلاہ، حرم، شہر پنہ، محل، لشکر، دستہ، گھوڑے، شہزادیاں، حویلیاں، فصیل، پہرا، جشن، خدام، کنیزیں، تیر، بارہ دری، جنگاہ، چہار آئینہ، فانوس، معرکہ، انعام، خلعت، سوار، عدو، شملے، اطلس، چوب دار، اصطبل، سلطنت، لاؤ لشکر، غنیم، لشکری، فتح و ظفر، پسپائی، دربار، حشم، شہزادے، شمشیر، قلب، سرحد، محاذ، قبیلے، تہہ خانے، خیمے، بُرج وغیرہ" جیسی ڈکشن کو محمد اظہار الحق نے جس پیرائے میں استعمال کیا ہے وہ اُردو غزل کی تاریخ میں اپنی مثال آپ ہے۔ انہوں نے اسلامی تہذیب کے

نمائندہ شہروں اور مقامات جیسے بغداد، بخارا، سمر قند، بصرہ، مدینہ، بابل، ہرات، غرناطہ، دجلہ، فرات، الحمرا اور دہلی وغیرہ کو بھی علامتی پس منظر کے ساتھ غزل کے سانچے میں ڈھالا ہے۔ ان علامتوں میں مسلمانوں کے عروج و زوال کی پوری داستان سمٹ آئی ہے۔ چند اشعار دیکھیے:

تیغ کی دھار میں الحمرا، موتی کی آب میں الحمرا
اک محراب میں سورج ہے اور اک محراب میں الحمرا (دیوارِ آب۔ ص۵۷)

پسِ دیوار نقاشوں، ہُنر مندوں کے سر تھے
پھر اک در تھا لہو کا اور پسِ در قرطبہ تھا

کنویں میں زہر تھا، گھوڑے سواروں سے الگ تھے
دریدہ شال اوڑھے خاک بر سر قرطبہ تھا (ایضاً۔ ص۵۳)
سفر ہے ماوراء النہر کا در پیش اظہار!
مرے ذہنِ رسا کا رخ بخارا کی طرف ہے

کھلیں گے دیکھنا اس دشت میں کیا کیا چمن زار
مدینے کی ہوا کا رخ بخارا کی طرف ہے (پری زاد۔ ص)

تمھیں غرناطہ و دلی بہت یاد آ رہے ہیں
جو فرصت ہو تو بارے بصرہ و بغداد دیکھو (پری زاد۔ ص)

محمد اظہار الحق کی غزل میں ایک مخصوص داستانوی فضا ملتی ہے۔ جادوئی عناصر اور طلسماتی رنگوں نے اس فضا کی جاذبیت اور دل کشی میں اضافہ کیا ہے۔ تجسس آفریں اور حیرت آگیں مناظر غزل کی ایمائیت اور اشاریت کے رنگوں کو مزید ابھارنے کا سبب ٹھہرے ہیں۔ اس داستانوی اندازِ بیان سے اظہار نے فرضی اور تصوراتی قصوں کو غزل میں نہیں ڈھالا بلکہ حیاتِ انسانی کے مختلف زاویے اور گوشے اور انسان کی عظمتوں اور رفعتوں کی کہانیاں اس کی مدد سے پیش کی ہیں۔ غلام حسین ساجد اس داستانوی اندازِ بیاں کا ذکر کرتے ہوئے رقم طراز ہیں:

"محمد اظہار الحق کی غزل کا سارا منظر نامہ الف لیلوی ہے اور ایک داستانوی طلسم اس کی ساری غزل پر چھایا ہوا ہے۔ وہ فضاؤں میں معلق باغوں، اُڑن کھٹولوں میں سفر کرتی ہوئی پریوں، پیلی دھات کی کھنک، اطلس و کم خواب کے گدوں اور اس نوع کی دوسری اشیا کے حوالے سے ایک -------- تہذیب کی شکل ابھارنے میں پوری طرح کام یاب ہیں۔" (۵)

داستانوی فضا میں گندھے ہوئے اظہار کے چند اشعار دیکھیے:

کیسے کیسے اسم طلسم ہیں اس کے پاس
اُڑن کھٹولوں کی پریاں مہمان اس کی
جھول رہے ہیں معلق باغ فضاؤں میں

اُتر رہی ہے چاروں اور تکان اس کی (دیوارِ آب۔ ص۶۷)

پری زاد جس کو اڑا رہے تھے فلک فلک
اسے کیسے تو نے اتارا تھا مرے باغ میں

مری آنکھ تو نے بنائی تھی مرے خواب میں
مرا حسن تو نے سنوارا تھا مرے باغ میں (پری زاد۔ ص)

محمد اظہار الحق کی غزل موضوعات کی طرح فن اور تکنیک کے حوالے سے بھی انفرادیت کی حامل ہے۔ انہوں نے طرزِ بیان کی تاثیر سے لفظیات کی نامانوسیت کو غزل کے مزاج سے ہم آہنگ کر دیا ہے۔ مصرعوں کی بُنت میں نثر کی سی سادگی اور ہم واری ان کی ریاضتِ فن کا ثبوت ہے۔ تراکیب، تشبیہات اور تلمیحات کو انہوں نے محض آرائشی عناصر کے طور پر استعمال نہیں کیا بلکہ ان سے مفاہیم اور مطالب کے دائروں کو وسعت بخشی ہے۔ اظہار کی غزل کا آہنگ جلال و جمال کے حسین امتزاج کا آئینہ دار ہے۔ اس آہنگ کی تشکیل میں لفظیات کا شکوہ اور مخصوص اوزان و بحور کا تجمل اہم کردار ادا کرتے ہیں۔ اظہار کی غزل میں اوزان و بحور کا تنوع دیدنی ہے۔ انہوں نے قلیل الاستعمال اوزان کے استعمال سے اپنی انفرادیت کے نقش کو مزید گہرائی سے ہم کنار کیا ہے۔ اظہار کے ہاں کم یاب اوزان کا استعمال دیکھیے:

بحرِ متقارب دوازدہ رکنی سالم (فعولن فعولن فعولن فعولن فعولن فعولن)

اکیلا ہوں میں اور کہیں دور وہ اوڑھنی اُڑ رہی ہے
بس آنکھوں میں دھول اور سارے میں اک چاندنی اُڑ رہی ہے
(دیوارِ آب۔ ص۴۵)

بحرِ متقارب معشر سالم (فعولن فعولن فعولن فعولن فعولن)

گناہوں سے بچنا گناہوں کا ہی سلسلہ ہے
یہاں زندگی جُرم اور موت بھی ناروا ہے (ایضاً۔ ص۱۷۷)

بحرِ متقارب دوازدہ رکنی محذوف / مقصور (فعولن فعولن فعولن فعولن فعولن فعول / فَعَل)

جدائی کے ستر برس تھے ہزاروں برس پر محیط
بخارا کی مٹی گلے سے لگا کر بہت روئی تھی (پری زاد۔ ص)

بحرِ رمل مثمن مکفوف محذوف (فاعلاتُ فاعلاتُ فاعلاتُ فع)

جب ہوائیں آنگنوں میں سسکیاں بھریں
کوئی یاد آئیں دل کی ہچکیاں بندھیں (دیوارِ آب۔ ص۱۰۵)

بحرِ رمل معشر مخبون محذوف (فاعلاتن فعِلاتن فعِلاتن فعِلاتن فعلن)

کس کی تصویر تھی ہر نقش نے چہرے پہ زر افشانی کی
کس کی آواز تھی دریاؤں میں رفتار گھٹی پانی کی (ایضاً۔ ص۱۴۳)

بحرِ ہزج مثمن مقبوض اخرم (مفاعلن مفعولن مفاعلن مفعولن)

وہ کون ہے جس کی تم شعاؤں سے اندھے ہو

ابھی تو ہم جلتے ہیں ہمیں بھلا بیٹھے ہو (ایضاً۔ ص۹۹)

افضال احمد سید کے لہجے کی انفرادیت جدید تر غزل کے قافلے میں انہیں گُم نہیں ہونے دیتی۔ انہوں نے غزل کو نئے تکنیکی عمل سے گزار کر توانائی بخشی ہے۔ افضال نے تلمیحات کے رنگوں کو تراکیب کے حسن میں گوندھ کر اظہار کی نئی جہتوں کو بے نقاب کیا ہے۔ کثرتِ تراکیب نے ان کی غزل میں کہیں کہیں اجنبیت اور نامانوسیت کی فضا خلق کی ہے مگر مجموعی طور پر ان کی تراکیب سازی میں جمالیاتی اور فنی شعور کی آمیزش اپنے جوبن پر ہے۔ افضال احمد سید کی وضع کردہ چند تراکیب دیکھیے:

"ترتیبِ خشک وتر، فصیلِ مردہ، گیاہِ خام، شاخِ تہیہ، عہد نامۂ منسوخ، سرِ لوحِ رفتگاں، کمندِ غیر، شبِ شکستہ، دیوارِ خستگی، گرفتِ خواب، سحابِ سبز، طاؤسِ نیلمیں، کفِ بلند، کتابِ خاک، شگفتِ گُل، جُنبشِ مہمیز، صفِ سراب، سرِ گریز و گُماں، کمان خانۂ افلاک، سیلِ ہجرتِ گُل، تیغِ حیرانی، شکستِ آئینۂ انتباہ۔"

افضال احمد سید کی غزل میں الفاظ کا دروبست، مصرع سازی اور ردیف و قوافی کا ارتباط ان کی فنی کاملیت کا گواہ ہے۔ انہوں نے بالعموم متوسط اوزان کی حامل رواں دواں اور مترنم بحروں میں غزلیں کہی ہیں جو موسیقیت اور نغمگیت کی چاشنی سے لبریز ہیں، چند اشعار دیکھیے:

کُھلی ہوئی ہیں تہِ خشت انگلیاں اُس کی
چُنا ہوا ہے پسِ ریگ بادباں اُس کا

کُچھ اور رنگ میں ترتیبِ خشک و تر کرتا
زمیں بچھا کے ہوا اوڑھ کے گزر کرتا

چراغِ شب نے مجھے اپنے خواب میں دیکھا
ستارۂ سحری خوش نگاہ مجھ سے ہوا

سلیم کوثر کی غزل اپنے اسلوب کی سحر کاری کے باعث الگ سے پہچانی جاتی ہے۔ زبان و بیان کی نزاکتوں اور صنائع بدائع کے حسن کارانہ استعمال نے ان کی غزل کو دل آویزی عطا کی ہے۔ لفظیات کے چناؤ اور برتاؤ میں سلیم کوثر کا فنی احساس ابھر کر سامنے آیا ہے۔ تراکیب، علامات، استعارات اور دیگر تکنیکی عناصر کے استعمال میں انہوں نے غزلیہ معیارات کو پیشِ نگاہ رکھا ہے۔ سیلم کوثر کے ہاں یہ تکنیکی عناصر صرف غزل کے ظاہری پیکر کو نہیں چمکاتے بلکہ اس کے باطن کو بھی تجلی زار بنانے میں اہم کردار ادا کرتے ہیں۔ تضاد، لف و نشر مرتب و غیر مرتب اور حسنِ تعلیل جیسی صنائع کے مسلسل استعمال سے سلیم کوثر نے غزل کی معنوی گہرائی میں اضافہ کیا ہے اور اس کے جمالیاتی رنگ کو نکھارنے کی کام یاب کوشش کی ہے۔ سلیم کے ہاں ایسے اشعار کی بھی کمی نہیں جو آرائشی عناصر کی چمک دمک سے بے نیاز ہیں اور زبان و بیان کی سادگی کے علم بردار ہیں، لیکن زبان و بیان کی یہ سادگی ان کی تاثیر اور لطافت میں رکاوٹ نہیں بنتی بلکہ اس کو مزید توانائی عطا کرتی ہے، اس نوع

کے چند شعر دیکھیے:

جس کو ہر سانس میں محسوس کیا ہے ہم نے
ہم اسے ڈھونڈنے نکلیں تو زمانے لگ جائیں

سوچتے یہ ہیں ترا نام لکھیں آنکھوں پر
چاہتے یہ ہیں تجھے سب سے چھپانے لگ جائیں

کھل ہی جائے گا کبھی حسنِ سماعت مجھ پر
اپنی آواز کو گلیوں میں لیے پھرتا ہوں

سلیم کوثر کی غزل غنائیت کے ذائقے سے معمور ہے۔ انھوں نے الفاظ کے دروبست، ردیف و قوافی کے چناؤ اور اوزان و بحور کے انتخاب میں موسیقیت کے تقاضوں کا خیال رکھا ہے۔ ان کے ہاں مروجہ اوزان میں ارکان کی کمی بیشی سے نئے اوزان کے کام یاب تجربے بھی دکھائی دیتے ہیں، جیسے:

بحرِ متدارک دوازدہ رکنی سالم (فاعلن فاعلن فاعلن فاعلن فاعلن فاعلن)

سب سے پہلے تو پتوار سے گرہِ آبِ رواں کھولنا
پھر مخالف ہوا تیز ہو جائے تو بادباں کھولنا

بحرِ متدارک چہاردہ رکنی سالم (فاعلن فاعلن فاعلن فاعلن فاعلن فاعلن فاعلن)

تختیاں لکھتے پڑھتے جواں ہو گئے عمر کی بیڑیاں کاٹ دیں

ہم نے بچپن میں اپنے قلم کیا تراشے کہ خود انگلیاں کاٹ دیں

بحر ہزج معشر سالم (مفاعیلن مفاعیلن مفاعیلن مفاعیلن مفاعیلن)

جو یہ جینا نہیں ہے صرف جینے کے بہانے ہیں تو رہنے دے

یہاں تیرے سوا بستی میں سارے ہی دوانے ہیں تو رہنے دے

جمال احسانی اور شاہدہ حسن کا شمار بھی جدید تر غزل کے اہم شاعروں میں ہوتا ہے۔ ان کی غزل میں ایسے فنی اور تکنیکی زاویے ابھرتے ہیں جو جدید تر غزل کی شناخت میں اہمیت کے حامل ہیں۔ جمال احسانی نے گزرے ہوئے زمانے کی کہانیوں میں نئے زمانے کا رنگ شامل کر کے زبان و بیان کی نئی گہرائیوں کی خبر دی ہے۔ تراکیب، تشبیہات، استعارات اور بیان کے دیگر ذرائع ان کے تخلیقی عمل میں رچے بسے ہوئے ہیں۔ جمال احسانی کی غزل میں داستانوی فضا کے عمل دخل نے اس کی رمزیت کے رنگ کو گہرائی عطا کی ہے۔ مترنم اور خوش آہنگ بحروں کے چناؤ اور الفاظ کے بر محل استعمال نے جمال احسانی کی غزل کو صوتی اعتبار سے بھی جاذب نظر اور دل کش بنا دیا ہے۔ منفرد صوتی آہنگ میں لپٹے ہوئے چند اشعار دیکھیے:

یاد رکھنا ہی محبت میں نہیں ہے سب کچھ

بھول جانا بھی بڑی بات ہوا کرتی ہے (ایضاً۔ ص ۳۷)

تمام آئنہ خانوں کی لاج رہ جاتی

کوئی بھی عکس اگر بے مثال رہ جاتا (ایضاً۔ ص ۴۴)

جو لکھتا پھرتا ہے دیوار و در پہ نام مرا
بکھیر دے نہ کہیں حرف حرف کر کے مجھے (ستارۂ سفر۔ ص ۱۲)

یوں گزرتا ہے بس اب دل سے ترے وصل کا دھیان
جیسے پردیس میں تہوار گزر جاتا ہے (ایضاً۔ ص ۹۵)

شاہدہ حسن نے غزل کے آئینے میں سطحی جذبے اور عمومی عاشقانہ تعلقات کی تصویروں کی بہ جائے محبت کی گہری اور رمزیاتی کیفیات کو اعلا فنی شعور کے ساتھ پیش کیا ہے۔ شاہدہ کی غزل میں نسائی مزاج اپنی تمام تر نزاکتوں اور جلوہ سامانیوں کے ساتھ موجود ہے۔ ان کی شعری زبان سادگی کا مرقع ہے مگر یہ سادگی سپاٹ نہیں بلکہ تہ داری کی حامل ہے۔ شاہدہ نے غزل کی روایتی اور عمومی لفظیات کو گہرائی اور نیا معنوی پس منظر عطا کیا ہے۔ شاہدہ کے غزل کے تکنیکی سراپے کا اندازہ ذیل کے اشعار سے لگایا جاسکتا ہے:

آنکھ تا دیر رہی موجۂ غم ناک میں تر
حسن کا کھیل تھا آئینے کو چمکا جانا

تو سرِ بام ہوا بن کے گزرتا کیوں ہے
میرے ملبوس کی عادت نہیں لہرا جانا

دور تک پھیلے ہوئے پانی پہ ناؤ تھی کہاں

یہ کہانی آئینوں پر عکس لہرانے کی تھی

ترے خیال کے سفر میں تیرے ساتھ میں بھی ہوں
کہیں کہیں کسی غبارِ رہ گزار کی طرح

خالد اقبال یاسر جدید تر غزل میں انوکھی لفظیات کے حسن کارانہ استعمال کے باعث نمایاں نظر آتے ہیں، انھوں نے لفظیات کی تشکیل میں دربار اور رزم گاہ کے متعلقات اور داستانی عناصر سے اکتساب کیا، یہی وجہ ہے کہ ان کی لفظیات میں جلال و شکوہ اور حیرت و استعجاب کے عناصر گھلے ملے دکھائی دیتے ہیں۔ یاسر کے ہاں محل، حرم سرا، قصر، دربان، کنیزیں، شاہ، غلام، پیادے، لشکر، جھروکے، ستون، شہر پناہ، خیمے، گھوڑے، نقیب، چوب دار، سپہ، عدو، ہتھیار، نمدہ، زین، رعایا، خواب گاہیں، تلواریں وغیرہ نئی علامتی معنویت رکھتی ہیں۔ یاسر کی غزل فنی اور تکنیکی اعتبار سے مکمل اور توانا ہے، انھوں نے مصرعے کی بُنت اور الفاظ کے دروبست میں قدرتِ کلام کا مظاہرہ کیا ہے۔ چند اشعار بہ طور مثال دیکھیے:

عدو مخالف عقب کی دیوار بھی مخالف
نحیف ہاتھوں میں کند ہتھیار بھی مخالف

(دروبست۔ ص)

رستے میں رات آئی تو نمدہ بچھا لیا

گھوڑے کی زین اتار کے تکیہ بنالیا (ایضاً۔ ص)

سجی ہوئی تھیں حریر و اطلس سے خواب گاہیں
مگر رعایا کو اور تلقین ہو رہی تھی (ایضاً۔ ص)

ستون اپنے شکوہِ رفتہ میں گُم کھڑا ہے
بس اک ذرا انہماک ٹوٹے گا تب گرے گا (ایضاً۔ ص)

رخصت کے وقت میر سپہ نے نقیب کو
سوئی ہوئی سپہ کو جگانے نہیں دیا (ایضاً۔ ص)

خالد اقبال یاسر کے ہاں مسلسل غزل کا رجحان پایا جاتا ہے۔ ان کے شعری مجموعے " دروبست " میں زیادہ تر غزلیں مسلسل کیفیت کی حامل ہیں۔ تسلسلِ خیال اور لفظیات کی قربت نے ان کی کئی غزلوں کے اشعار کو کہانی کا سا ربط عطا کیا ہے۔ یاسر نے اپنی غزل کو معاصر غزل سے الگ رکھنے کے لیے شعوری طور پر عشق و محبت کے مضامین کو کم کم برتا ہے۔ اس التزام کے باعث ان کی غزل معاصر غزل میں واضح طور پر الگ شناخت کی حامل ٹھہری ہے تاہم مضامینِ عشق و محبت سے گریز پائی کے نتیجے میں ان کی غزل شعریت کی لطافت اور تغزل کی رعنائی سے بڑی حد تک محروم رہی ہے۔

اسی اور نوے کی دہائیوں میں جدید تر غزل کے قافلے میں ایسے نوجوان

شعرا شامل ہوئے جنہوں نے اپنے منفرد لحن سے غزل تب و تاب میں اضافہ کیا اور اسے اظہار کے نئے امکانات کی نوید دی۔ اگرچہ ان شعرا کی غزل گوئی ہنوز اپنے تشکیلی دور سے گزر رہی ہے اور وہ غزل میں اپنی واضح شناخت بنانے میں کام یاب نہیں ہوئے تاہم ان کی فنی بصیرت اور تکنیکی مہارت غزل کی پوشاک پر وہ گُل کاریاں کر رہی ہے جن کی مثال غزل کی تاریخ میں ملنی محال ہے۔ ان تازہ کار شاعروں میں عباس تابش، قمر رضا شہزاد، فاطمہ حسن، ثمینہ راجا، آفتاب حسین، انجم سلیمی، محسن چنگیزی، سعود عثمانی، ضیا الحسن اور محمد مختار علی کے نام خاص طور پر قابلِ ذکر ہیں۔ ان شعرا کے ہاں زبان و بیان کا سلیقہ، تکنیکی اور فنی عناصر کا حسن کارانہ استعمال اور تخلیقی رچاؤ غزل کے شان دار مستقبل کی ضمانت دیتا ہے:

مجھے پلٹنا ہے اک روز اپنے فردا میں
نکالنا ہے گزشتہ کو حال سے باہر

گزارنی ہے کوئی عمر چشم و دل کے بغیر
پڑی ہوئی ہے جو خواب و خیال سے باہر انجم سلیمی (۶)

ہماری تشنگی کب تک رہے گی منتظر اس کی
زمیں میں کوئی چشمہ ہے تو باہر کیوں نہیں آتا عباس تابش (۷)

مرے جہان کی رونق تری نظر تک ہے

تری نگاہ جو اٹھے جو جانے کیا ہو جائے

میں کائنات میں حیرت سرائے آئنہ ہوں
مجھے جو غور سے دیکھے وہ آئنہ ہو جائے — اختر عثمان(۸)

ڈھونڈ لیتے ہیں ترے اسم میں اک اور ہی اسم
ہم تری شکل میں اک نقشِ دگر دیکھتے ہیں — محسن چنگیزی(۹)

زمیں ٹھہری ہوئی ہے، آسماں ٹھہرا ہوا ہے
کسی نقطے پہ یہ سارا جہاں ٹھہرا ہوا ہے

گزرتے جا رہے ہیں ماہ و سالِ زندگانی
مگر اک غم پسِ عمرِ رواں ٹھہرا ہوا ہے — ضیا الحسن(۱۰)

سکوتِ جاں کسی معمار کی تلاش میں ہے
یہ وقت ہے کہ مرے دشت کو نگر کر دے

شجر کی بے ثمری کب سے انتظار میں ہے
لگا وہ زخم کہ شاخوں کو بارور کر دے — سعود عثمانی(۱۱)

کشادہ رستوں کھلے جہانوں سے آرہا ہوں
میں خاک کی سمت آسمانوں سے آرہا ہوں قمر رضا شہزاد (۱۲)

(۲)

۱۹۷۰ء کے بعد ایک طرف تو جدید تر طرزِ احساس اور پیرایۂ اظہار نے غزل کو فکری اور فنی حوالے سے توانائی عطا کی اور اس میں عہدِ رواں کا رنگ رس شامل کر کے اسے نئے امکانات کی بشارت دی، دوسری طرف اس عہد میں غزل کی ہیئت کو جامد قرار دے کر نئے ہیئتی تجربات کا ڈول ڈالا گیا۔ ان تجربات کے نتیجے میں آزاد غزل، معریٰ غزل اور نثری غزل جیسے ہیئتی ڈھانچے وجود میں آئے۔ ان نئے سانچوں کی مضحکہ خیزی نے غزل کے تشخص کو مجروح کیا اور اس کی توانا روایت سے بغاوت اور انحراف کے رجحانات کو پھلنے پھولنے کا موقع فراہم کیا۔ غزل کی شناخت اس کی ہیئت میں ہے یہی وجہ ہے کہ غزل نے ہر دور میں اپنی ہیئت کا دفاع کیا ہے۔ موضوعات، اسالیب، لفظیات اور تکنیک کے تجربات کے لیے اس صنف نے ہمیشہ اپنا دروازہ کھلا رکھا ہے اور اپنے مزاج سے ہم آہنگ عناصر کو ہر دور میں قبول کرتی رہی ہے مگر ہیئت کے لحاظ سے ریختہ کی ابتدائی ہیئتی صورتوں کو چھوڑ کر صرف دو اہم تبدیلیوں کا سراغ ملتا ہے۔ اوّل مستزاد غزل دوم غیر مردف غزل۔ یہ دونوں تبدیلیاں غزل کی ہیئت اصلی سے کسی طور متصادم نہیں۔ مستزاد غزلیں بہت کم کہی

گئیں اور ان کی حیثیت ایک تجربے سے زیادہ کچھ نہیں البتہ غیر مردف غزل کا سانچا ہر دور میں مروج رہا ہے اور اس میں اکثر و بیش تر غزل گو شعرا نے کلام کہا ہے۔ قافیہ اور وزن کی طرح ردیف ہیئت کا لازمی ترکیبی عنصر نہیں ہے اس لیے ردیف کے ہونے یا نہ ہونے سے غزل کی ہیئت متاثر نہیں ہوتی۔ ۱۹۷۰ء کے بعد ہونے والے ہیئتی تجربات میں غزل کے مزاج کو نظر انداز کرتے ہوئے محض جدت یا تبدیلی کے شوق میں نئے نئے سانچوں کو متعارف کرایا گیا۔ ہیئت برائے ہیئت کی غرض سے ہونے والے ان تجربات میں کئی شعرا نے اپنی تخلیقی صلاحیتوں کو ضائع کیا اور غزل کے روشن منظر نامے کو دھندلانے کی کوشش کی۔ ذیل میں ان ہیئتی تجربات کا اجمالی جائزہ پیش کیا جاتا ہے۔

ہندوستان کے شاعر مظہر امام نے سب سے پہلے آزاد نظم کے تتبع میں "آزاد غزل" کا تجربہ کیا۔ اس تجربے کے آغاز اور اس کے جواز کے متعلق وہ رقم طراز ہیں:

"غزل کی ہیئت میں واقعی انقلابی تجربہ آزاد غزل کی صورت میں ہوا، جواب تک متنازع فیہ بنا ہوا ہے۔ اگر اپنے ذکر کو بد مذاقی پر محمول نہ کیا جائے تو یہ عرض کروں گا کہ اس تجربے کا پہلا گنہ گار میں ہی ہوں۔۔۔۔۔ میں نے محسوس کیا کہ اگر آزاد نظم ہی کی طرح آزاد غزل کہی جائے اور مصرعوں میں ارکان کی کمی بیشی روا رکھی جائے تو غیر ضروری الفاظ اور فقروں سے نجات پائی جا سکتی ہے اور خیال کو وسعت بھی بخشی جا سکتی ہے۔ میں نے غزل کے دوسرے لوازمات اور صنفی خصوصیات پر حرف نہیں آنے دیا، چوں کہ ارکان کی کمی بیشی سے ہی آزاد نظم کی

تشکیل ہوتی تھی، اس لیے مجھے اس کے مقابل "آزاد غزل" ہی مناسب نام معلوم ہوا۔"(۱۳)

اس تجربے کی ضرورت اور افادیت کا اندازہ اس امر سے لگایا جا سکتا ہے کہ یہ تجربہ ۱۹۴۵ء میں کیا گیا مگر اس کو منظرِ عام پر آنے کے لیے ۱۹۶۲ء تک انتظار کھینچنا پڑا۔ یوں پہلی بار آزاد غزل سہ ماہی "رفتارِ نو" دربھنگا کے جنوری ۱۹۶۲ء کے شمارے (سال گرہ نمبر) میں شائع ہوئی۔ آزاد غزل کا یہ پہلا بااعتبار نمونہ ملاحظہ ہو:

ڈوبنے والے کو تنکے کا سہارا آپ ہیں
عشق طوفاں ہے، سفینا آپ ہیں
آرزوؤں کی اندھیری رات میں
میرے خوابوں کے اُفق پر جگمگایا جو ستارا، آپ ہیں
کیوں نگاہوں نے کیا ہے آپ ہی کا انتخاب
کیا زمانے بھر میں یکتا آپ ہیں؟
میری منزل بے نشاں ہے، لیکن اس کا کیا علاج
میری ہی منزل کی جانب جادہ پیما آپ ہیں
ہائے وہ ایفائے وعدہ کی تحیر خیزیاں
ان کی آہٹ پر ہی گھر کا کونا کونا چیخ اٹھا تھا کہ "اچھا آپ ہیں!"

ہیئت کی مضحکہ خیزی کو اگر نظر انداز بھی کر دیا جائے تو بھی یہ آزاد غزل فنی اعتبار سے تیسرے یا چوتھے درجے کی غزل کا مقابلہ کرنے سے قاصر ہے۔ ارکان کی کمی بیشی نے صرف ہیئت کو ہی مجروح نہیں کیا بلکہ آہنگ کو بھی متاثر کیا ہے۔ اس

آزاد غزل کے ذریعے "خیال کو جو وسعت ""بخشی گئی ہے وہ بھی اہلِ نظر سے پوشیدہ نہیں۔ مظہر امام کے اس ہیئتی تجربے کی "کامیابی" کے بعد ہندوستان میں کرشن موہن، علیم صبا نویدی اور کئی دوسرے شاعروں نے بھی آزاد غزلیں تخلیق کیں۔ علیم صبا نویدی کا ۶۲ آزاد غزلوں پر مشتمل مجموعہ "ردِ کفر" کے نام سے ۱۹۷۹ء میں شائع ہوا۔ اس مجموعے کی اشاعت سے آزاد غزل کی تخلیق میں تیزی کا رجحان ابھرا اور ہندوستان کے ساتھ ساتھ پاکستان میں بھی یہ ہیئتی پیکر تخلیق کے لیے استعمال کیا جانے لگا۔

پاکستان میں آزاد غزل کی اولیں جھلک ظفر اقبال کے شعری مجموعے "رطب و یابس" میں دکھائی دیتی ہے۔ اس میں شامل واحد آزاد غزل کی توصیف میں انیس ناگی لکھتے ہیں:

" ظفر اقبال کا روایتی غزل کے خلاف ردِ عمل اتنا شدید ہے کہ وہ وسیع تر اظہار کی تمنا میں۔۔۔۔۔ غزل کا رسمی قالب توڑ کر آزاد غزل لکھنے لگتا ہے جو پیروڈی بھی ہے اور غزل کے نئے تصور کی نشان دہی بھی کرتی ہے۔"(۱۴)

غزل کے "نئے تصور" کی حامل اور "وسیع تر اظہار" کی خواہش سے سرشار اس آزاد غزل کے تین شعر دیکھیے:

اِس مکاں کو اُس مکیں سے ہے شرف
یعنی اک افواہ سی اڑنے لگی ہے ہر طرف

معترض کے منہ سے ہے کتا بندھا
اس لیے سُننا پڑے گی عف عف

نظرِ ثانی بھی کریں گے اس غزل پر، اے ظفر
فی الحال تو لکھی ہے رف

ظفر اقبال نے بعد میں اس ہیئتی پیکر کو استعمال نہ کیا ورنہ جس طرح انہوں نے لسانی توڑ پھوڑ سے غزل کو ضعف پہنچایا ہے اسی طرح ہیئتی حوالے سے بھی غزل مفلوج ہو کر رہ جاتی۔ غزل کو ہیئتی حوالے سے مفلوج کرنے کی سعادت ظفر اقبال کی بہ جائے معروف ترقی پسند غزل گو فارغ بخاری کو عطا ہوئی۔ انہوں نے ۱۹۷۹ء میں ہیئتی تجربات پر مشتمل مجموعہ "غزلیہ" کے نام سے شائع کیا۔ غزل کی مروجہ ہیئت سے ان کی بیزاری کا اندازہ ذیل کے اقتباسات سے لگایا جا سکتا ہے:

ا۔ "صدیوں کے اس عمل میں فارسی غزل اور اُردو غزل اتنی کثیر تعداد میں کہی گئی ہے کہ اس کے منتخب ارفع و اعلیٰ سرمایہ کا وزن بھی منوں ٹنوں کے آخری ہندسوں سے تجاوز کر چکا ہے اور دس صدیوں تک جتنی غزل ہو چکی ہے اگر آئندہ دس صدیوں تک نہ کہی جائے تو کوئی کمی محسوس نہ ہو گی کہ اس کے تمام امکانی مراحل طے ہو چکے ہیں اور سوائے اس کے کوئی گُنجائش نظر نہیں آتی کہ چبائے ہوئے لقموں کی جگالی کی جائے، لفظوں کی شعبدہ بازی دکھائی جائے اور زبان و محاورے کی بازی گری سے داد و تحسین کے ڈونگرے وصول کیے جائیں یا اسلوب، لہجے اور اظہار کے کاری گرانہ پیرایوں سے پٹے ہوئے موضوعات کو دُہرا دُہرا کر فرضی جدت اور نُدرت کے ڈھول بجائے جائیں۔ ان حالات میں ضروری تھا کہ غزل کے ہیئتی ڈھانچے میں کُچھ ایسی تبدیلیاں عمل میں لائی جائیں جو اس کی روح کو برقرار رکھتے ہوئے اس کے احیاء کی ضامن ہوں اور مستقبل میں اس کی نشاۃ الثانیہ کا

باعث بن سکیں۔"(۱۵)

۲۔ "غزل پر آج تک جتنے اعتراضات ہوئے ہیں ان میں صرف ایک اعتراض نہایت معقول ہے اور وہ یہ کہ غزل میں بھرتی کے اشعار کی بھرمار ہوتی ہے اور شاعری کے آغاز سے متاخرین کے دور تک تو یہ بھرتی اتنی بے انتہا رہی ہے کہ پوری غزل میں دور بین لگا کر ڈھونڈنے سے بھی کام کا ایک آدھ شعر مشکل ہی سے ملتا ہے۔۔۔۔ غزل کی مروجہ ہیئت میں شعر دو مصرعوں کے مجموعے کا نام ہے اور ایک مصرع مفہوم کے اعتبار سے خواہ کتنا ہی مکمل کیوں نہ ہو اسے شعر بنانے کے لیے جا و بے جا دوسرے مصرعے کی گرہ لگانا شاعر کی مجبوری ہے کہ اس کے بغیر شعر نہیں ہو سکتا اور ایک اچھے سے اچھا مصرع بھی اگر شعر نہ بن سکے تو بے مصرف ہو کر رہ جاتا ہے۔ یہی وجہ ہے کہ بیش تر شعرا کے ایسے کئی مصرعے کچھ اس طرح ضرب المثل بن گئے ہیں کہ ان کے دوسرے مصرعے کسی کو یاد نہیں۔"(۱۶)

۳۔ "غزل کے شاعر کی دوسری مجبوری قافیہ اور ردیف کی قیود ہیں غزل کا ایک شعر تو بسا اوقات اس کی جولانیِ طبع کا نتیجہ ہوتا ہے لیکن جب تک چند شعر اور نہ کہے جائیں غزل نہیں ہوتی اور جب تک غزل نہ ہو اس ایک شعر کا کوئی مصرف نہیں ہوتا، اس لیے شاعر کو جبراً قافیہ ردیف کو نبھانے کے لیے ایسے شعر کہنے پڑتے ہیں جو خود اس کے معیار پر بھی پورے نہیں اترتے۔"(۱۷)

فارغ بخاری کا شمار اگرچہ جدید غزل کے اچھے شاعروں میں ہوتا ہے مگر ان کا یہ کہنا کہ غزل نے تمام امکانی مراحل طے کر لیے ہیں اور اب اس میں بہ جز ہیئتی تجربوں کے کوئی نئی صورت پیدا نہیں ہو سکتی، ایک گم راہ کن مفروضہ ہے۔ غزل

نے ہر دور کے تقاضوں کے مطابق موضوعات، اسالیب، لفظیات اور اظہار کے دیگر قرینوں کو قبول کر کے ایک زندہ اور متحرک صنف ہونے کا ثبوت فراہم کیا ہے۔ غالب کی غزل موضوعات اور اظہار کے حوالے سے میر کی غزل سے مختلف ہے، اسی طرح اقبال، فراق، ناصر، منیر اور غزل کے دوسرے رجحان ساز شعرا کے ہاں غزل کا انفرادی زاویہ ابھرتا ہے جو غزل کے متنوع اسالیب کی نشان دہی کرتا ہے۔ جدید تر غزل اپنے موضوعات کے اعتبار سے جدید غزل سے ایک قدم آگے بڑھ آئی ہے، اسی طرح جدید غزل کے موضوعات روایتی غزل کے موضوعات سے یک سر مختلف ہیں۔ غزل کی یہ ساری صورتیں اس بات کی شاہد ہیں کہ غزل کی روایت کا کارواں ایک دریائے سبک رفتار کی طرح رواں دواں ہے جس میں مسلسل نئے ندی نالے شامل ہوتے رہتے ہیں اور اس کی توانائی میں ہر لحظہ اضافہ ہوتا رہتا ہے۔ غزل میں حشو و زواید کی موجودگی فارغ بخاری کے نزدیک ہیئت کی پابندی کے باعث ہے۔ کیا باقی اصنافِ سخن جیسے نظم، قصیدہ، مرثیہ، رباعی وغیرہ اس عیب سے مکمل طور پر پاک ہیں؟ اگر ایسا نہیں ہے تو محض غزل پر نکتہ چینی کرنا انصاف کے تقاضوں کے منافی ہے۔

فارغ بخاری نے "تنگ نائے غزل" کی "گھٹن" اور "یتیمانہ بے بسی" کو ختم کرنے کے لیے ہیئت میں جو تجربے کیے ہیں ان کی تفصیل درجِ ذیل ہے:

۱۔ ایک ہی بحر کے مکمل مصرعوں کی مکمل غزل: ان "غزلوں" میں مختلف مصرعے جمع کر دیئے گئے ہیں جو ایک دوسرے سے کوئی ربط نہیں رکھتے۔ شعر غزل کی بنیادی اکائی ہے مگر اس تجربے میں فارغ بخاری نے مصرع کو بنیادی اکائی کی

حیثیت میں پیش کیا ہے۔ کئی "غزلوں" میں مصرعوں کی تعداد طاق رکھی گئی ہے۔ ایک ہی بحر کے مکمل مصرعوں کی "غزل" کا نمونہ دیکھیے:

زرد پتوں کو بھی ہے تازہ ہواؤں کی طلب
ہر مسافر اک نئی منزل کا راہی ہے یہاں
جانے کب سے ہوں معلق زندگی کی لفٹ میں
اب زمیں کی بات کرنے سے بھی شرماتے ہیں لوگ (غزلیہ۔ ص ۲۰)

۲۔ مختلف وزن کے مختلف قافیہ ردیف کے مکمل مصرعوں کی غزل: ان "غزلوں" میں بھی شعر کی بہ جائے مصرع کو بنیاد بنایا گیا ہے۔ ان "غزلوں" میں مختلف اوزان کے مصرعے یک جا کر دیئے گئے ہیں جن میں قافیہ ردیف، وزن اور موضوع کے حوالے سے کوئی ربط اور مطابقت نہیں۔ اس ہیئتی تجربے کا نمونہ دیکھیے:

ہواؤں کے لبوں پر بے ثمر شاخوں کا نوحہ ہے
میں تنہائی کا چہرہ ہوں
لہو اُترا ہوا ہے جاگتی راتوں کی آنکھوں میں
شکستیں کامرانی کا ہمیں مژدہ سناتی ہیں (ایضاً۔ ص ۴۳)

۳۔ ڈیڑھ مصرع کی مربوط غزل: اس ہیئتی تجربے میں خیال کی پیش کش کے لیے ڈیڑھ مصرعے کا ہیئتی التزام رکھا گیا ہے۔ یہ ڈیڑھ مصرعی "غزلیں" بھی ردیف و قافیہ سے عاری ہیں۔ اس ہیئتی تجربے کی مثال دیکھیے:

لغزشِ پا سے بھی بن جاتے ہیں نقشِ پا کبھی
آدمی قطرہ کبھی، دریا کبھی
کیا یہی تعبیر ہے ان خوش نما خوابوں کی، جو
ہم نے دیکھے تھے کبھی (ایضاً۔ ص ۶۲)

۴۔ مختلف بحور کے مختلف قافیہ ردیف کے اشعار کی غزل: یہ "غزلیں" مختلف اوزان کے حامل اشعار کا مجموعہ ہیں۔ ان اشعار میں بھی کوئی ہیئتی وحدت موجود نہیں۔ ان اشعار کو فردیات ،ابیات اور متفرق اشعار کا نام دیا جا سکتا ہے۔اس طرز کی "غزل" کے دو اشعار ملاحظہ ہوں:

ہر پھول کے وجود میں عکسِ بہار ہے
ہر نو شگفتہ غنچے سے خوش بو کو پیار ہے
سمندروں پہ جھکے بادلوں کی سرگوشی
ترے ملن کے نشیلے سمے میں ڈوب گئی (ایضاً۔ ص ۷۵)

۵۔ ہم وزن مگر مختلف قافیہ ردیف کے اشعار کی غزل: یہ ہیئتی تجربی بھی چوتھے ہیئتی تجربے کی طرح متفرق اشعار پر مشتمل ہے۔اس نوع کی "غزل" میں چند ہم وزن اشعار جمع کر دیئے گئے ہیں۔ یہ اشعار الگ الگ قافیہ ردیف کے حامل ہیں۔ دو شعر ملاحظہ ہوں:

ہم ہیں ان قافلوں میں شامل، جو
منزلیں پا کے لوٹ آئے ہیں

ہے وہ عالم کہ صاف سُنتا ہوں
زندہ لمحوں میں ٹوٹنے کی صدا (ایضاً۔ ص۸۸)

"غزلیہ" کے یہ تمام ہیئتی تجربے غزل کی مروجہ ہیئت سے کوئی تعلق نہیں رکھتے اس لیے ان کو کسی صورت میں بھی غزل کا نام دینا مناسب نہیں۔ غزل کی شناخت کا دارومدار جن عناصر پر ہے "غزلیہ" میں ان عناصر سے مکمل طور پر انحراف کیا گیا ہے۔ فارغ بخاری نے غزل کی مروجہ ہیئت کی جن کم زوریوں کو جواز بنا کر یہ تجربے کیے ہیں وہ کم زوریاں خود ان تجربات میں جا بہ جا موجود ہیں۔ اتنی آزادیوں کے باوجود "غزلیہ" میں کئی مصرعے تعقید اور غرابت کا شکار ہوئے ہیں۔ حشو و زواید کی بھرمار جو فارغ بخاری کے نزدیک غزل کی مروجہ ہیئت کی پابندی کا نتیجہ ہے وہ "غزلیہ" کے من پسند ہیئتی ڈھانچوں میں بھی دکھائی دیتی ہے۔ مثال کے طور پر یہ چند مصرعے دیکھیے:

اونگھتے لمحوں سے یارو، دوستی اچھی نہیں
ازل کے دن سے وہی دل کی خستہ حالی ہے
کتنے ہی اور بھی تو ہنر ہیں، فقط
جب بھی سچائی کے پانے کو کوئی نکلا ہے
مختلف ہیں رنگ یارو اپنے اپنے کرب کے

ان مصرعوں میں بالترتیب یارو، کے دن، بھی تو، فقط، کے اور یارو کے الفاظ کیا حشو و زواید میں شمار نہیں ہوتے؟ "غزلیہ" کے ان شعوری ہیئتی تجربات میں تکلف اور تصنع کی فضا ہر جگہ موجود ہے۔ اکثر و بیش تر اشعار اور مصرعے تغزل اور

شعریت کی چاشنی سے تہی ہیں۔ مثال کے طور پر یہ دو شعر دیکھیے:

ہم پہاڑوں کو پھاند آئے ہیں
تُم فصیلوں کی بات کرتے ہو (غزلیہ۔ ص ۹۵)

مُلا ناراض ہے کہ کیوں مُرغا
اس سے پہلے اذان دیتا ہے (ایضاً۔ ص ۹۵)

فارغ بخاری کے ان تجربات کے بعد معروف شاعر قتیل شفائی نے بھی اسی طرح کا ہیئتی تجربہ کیا۔ ان کی اس نوع کی چار "تجرباتی غزلیں" پہلی بار ماہ نامہ 'افکار'۔ کراچی کے اگست ۱۹۸۰ء کے شمارے میں شائع ہوئیں۔ بعد میں یہ" غزلیں" دو "غزلوں" کے اضافے کے ساتھ ان کے مجموعۂ کلام "آموختہ "(مطبوعہ ۱۹۸۱ء) میں شامل ہوئیں۔ اس تجربے کے جواز میں قتیل شفائی نے لکھا کہ:

"غزلوں کی ہیئت میں تبدیلی بظاہر محال ہے۔ مگر کیوں نہ اس ضمن میں بھی تجربہ کر لیا جائے۔۔۔ غزل کی ہیئت میں جو عناصر زیادہ اہم ہیں وہ قافیہ ردیف ہیں کہ انہی سے غزل کو صوت و آہنگ کی دل کشی ملتی ہے۔ ردیف کو نظر انداز بھی کر دیں تو قافیہ بہ ہر حال غزل کی جان رہے گا۔ سو میں نے قافیہ ردیف کو نہیں چھیڑا، صرف کبھی مصرع ہائے اولیٰ میں اور کبھی مصرع ہائے ثانی میں چند رکن کم کر دیئے ہیں۔ اس طرح نہ تو غزل کی نغمگی مجروح ہوتی ہے اور نہ ہی مؤثر طور پر مضامین باندھنے میں دقت پیش آتی ہے بلکہ میں یہ سمجھتا ہوں کہ غزل کی یہ ہیئت بعض صورتوں میں صوت و آہنگ کے تقاضے زیادہ خوش اسلوبی سے پورے کر سکتی

ہے۔"(۱۸)

قتیل شفائی کی ان "غزلوں" میں یہ اہتمام ملتا ہے کہ تمام اشعار کے مصرع ہائے اولیٰ کا وزن مصرع ہائے ثانی کے وزن سے مختلف ہے۔ ردیف و قوافی کی موجودگی نے ان "غزلوں" میں نغمگیت کی تاثیر کو بکھرنے نہیں دیا تاہم مجموعی طور پر یہ ہیئت بھی غزل کے مزاج سے پوری طرح ہم آہنگ نہیں۔ تخلیقی سرشاری اور وجدانی کیف سے محروم ان "غزلوں" میں تکلف کی فضا ملتی ہے۔ ایک "غزل" کے چند شعر دیکھیے:

رات کے رنگ رسیلے کب تھے
مجھ کو حاصل ترے وعدوں کے وسیلے کب تھے

مجھ پہ طاری تھا خود اپنا ہی خمار
میری آنکھوں میں ترے خواب نشیلے کب تھے

اب ہوا سانس بھی لیتی ہے جہاں
اس جگہ پچھلے برس ریت کے ٹیلے کب تھے

۱۹۸۱ء میں کہنہ مشق غزل گو شان الحق حقی کا مجموعۂ کلام "حرفِ دل رس" شائع ہوا تو اس میں بھی دو غزلیں ایسی تھیں جو غزل کی مروجہ ہیئت سے بغاوت کے نتیجے میں سامنے آئیں۔ حقی نے انہیں "غزل نما" کا نام دیا ہے۔ اپنے مجموعۂ مضامین "نقد و نگارش" میں وہ اپنے اس تجربے کے حوالے سے لکھتے ہیں:

"غزل نما میں غزل کی لازمی شرط موجود ہے، یعنی وحدت ردیف و قافیے

پر مبنی ہے، لیکن مصرعوں کے ارکان بڑھا کر اسٹینزا کی شکل دے دی گئی ہے اور ہر یونٹ یا فرد کا مضمون الگ ہے۔"(۱۹)

ہیئت غزل کی بنیادی شرط ہے اس میں کسی قسم کا تغیر و تبدل اس کے تشخص کو ختم کر دیتا ہے۔ حقی کی ان "غزلوں" میں ردیف و قوافی کی موجودگی کے باوجود غزل کا حسن کہیں دکھائی نہیں دیتا، ان کی ظاہری صورت بڑی حد تک آزاد نظم سے مماثل دکھائی دیتی ہے۔ ان کی "غزل نما" کا ایک اسٹینزا دیکھیے:

شامِ وعدہ کی وہ سرمئی سی فضا
رسمسی روشنی
بادلوں میں سے چھنتی ہوئی چاندنی
تیری آمد کے لمحے پگھلتے رہے
شمع جلتی رہی
رات آہستہ آہستہ ڈھلتی رہی

آزاد غزل کے اس رجحان کو فروغ دینے میں کئی رسائل و جرائد نے بھی اہم کردار ادا کیا۔ پاکستانی ادبی رسائل میں صریر۔ کراچی، اوراق۔ لاہور۔ دریافت۔ کراچی اور جدید ادب۔ خان پور نے خاص طور پر آزاد غزل کے تجربات کو پذیرائی بخشی۔ ۱۹۹۵ء میں محمد اقبال نجمی نے "پاکستانی آزاد غزل" کے نام سے ایک مجموعہ مرتب اور شائع کیا۔ اس مجموعے میں قتیل شفائی، ماجد الباقری، سجاد مرزا، محمد اقبال

نجمی، قاضی اعجاز محور اور سعید اقبال سعدی کی آزاد غزلیں شامل ہیں۔ ان آزاد غزلوں میں ردیف اور قافیہ کا التزام رکھا گیا ہے مگر وزن کے لحاظ سے مصرعے بڑے چھوٹے ہیں۔ ان "غزلوں" کا ظاہری پیکر آزاد نظم سے پوری طرح مشابہت رکھتا ہے البتہ ردیف قافیہ کا التزام اور اشعار کا عدم تسلسل غزل سے مستعار ہے۔ مصرعوں کو یکساں طول سے بچانے کی شعوری کوشش کے باعث ان منظومات پر تصنع کا رنگ غالب ہے۔ مجموعی طور پر یہ "غزلیں" نغمگیت اور موسیقیت کی تاثیر سے محروم ہیں۔ ان آزاد غزلوں دو ایک نمونے بہ طور مشتِ نمونہ از خروارے ملاحظہ کیجیے:

دیکھو ہوا بھی ہے پتوں کی باتیں کوئی کہانی سی اب تک کھنڈر میں ہے
پیڑوں کی آنکھیں ہیں یہ بھی تو کہہ دیں گے پتا شجر میں ہے
دریا بپھرتا ہے
اس دم کدھر جائیں کشتی بھنور میں ہے ماجد الباقری (پاکستانی آزاد غزل۔ ص۱۹)

گر ان سے ملاقات کے اوقات بدلتے
حالات بدلتے
ہم نے تو کوئی رات بھی اس شہر میں سو کر نہ گزاری
اے کاش! ہمارے بھی یہ دن رات بدلتے سجاد مرزا (ایضاً۔ ص ۳۰)

تیرگی کا سفر
ختم ہو گا کبھی اے مرے ہم سفر
پھیل جائے گی یہ خامشی ہر طرف اپنی بدصورتی کو لیے
یوں ہی بڑھتی رہی اجنبیت اگر محمد اقبال نجمی (ایضاً۔ ص ۷۹)

۱۹۹۵ء میں ہی فرحت عباس شاہ کا آزاد غزلوں پر مشتمل مجموعہ "محبت گم شدہ میری" شائع ہوا۔ ان "غزلوں" میں تمام اشعار ہم وزن ہیں مگر ردیف و قوافی سے عاری ہیں۔ آزاد غزل کے سکہ بند شاعروں نے فرحت کی ان "غزلوں" کو آزاد غزل ماننے سے انکار کیا ہے اور انھیں "معریٰ غزل" کا نام دیا ہے، بعض نے انھیں "فردیات" کہا ہے۔ فرحت کی ان تجرباتی غزلوں کا ہیئتی ڈھانچا ذیل کے اشعار سے واضح ہو جائے گا:

تُجھے ڈھونڈ لائے گا ایک دن
مجھے اعتماد تھا در د پر
تری جستجو تو ہے جستجو
مرے حوصلے کا سوال ہے
یہی اک دعا ہے کہ اے خدا
مجھے اپنے غم میں شریک کر

آزاد غزل کو رواج دینے کے لیے اس ہیئت کی ضرورت اور افادیت پر رسائل و جرائد میں کئی مضامین بھی لکھے گئے ہیں جو بالعموم آزاد غزل ہی کی طرح معقولیت سے خالی نظر آتے ہیں۔ مضمون نگاروں نے اس ہیئتی ڈھانچے کے اوصاف کچھ اس طرح بیان کیے ہیں کہ بے اختیار ہنسی آتی ہے۔ مثال کے طور پر آزاد غزل کے سرگرم نقیب ڈاکٹر مناظر عاشق ہرگانوی کا یہ اقتباس دیکھیے:

" آزاد غزل میں حشو و زواید کے بغیر معنویت کی نئی سطحیں ابھرتی ہیں اور ذات اور معاشرت منظر در منظر پھیلتی نظر آتی ہے۔ آزاد غزل میں الفاظ کا متوازن اور بامقصد استعمال اس کی دل نوازی بڑھاتا ہے اور نُدرت اور بانک پن میں اضافے کرتا ہے، ساتھ ہی آزاد غزل میں الفاظ کو وسیع معانی و مفاہیم کے ساتھ پیشِ نظر رکھا جاتا ہے جس کی وجہ سے جذبہ، قوتِ حیاتیہ (Life Force) بن کر زندگی کی توانائی بن جاتا ہے جو شاعر کے اپنے اظہار کے ہزار ہا پہلوؤں کی عکاسی کرتی ہے۔۔۔ یہ صنف اس قدر Compact ہے کہ اس کا کوئی بھی لفظ ادھر اُدھر کرنا مشکل ہے۔"(۲۰)

رسائل و جرائد اور مجموعوں کی شکل میں شائع ہونے والی آزاد غزلیں عام طور پر پٹے ہوئے موضوعات کی حامل ہیں۔ تعقیدِ لفظی، شُتر گربگی، بے ربطی اور دیگر فنی ناہمواریاں ان میں غزل کی نسبت زیادہ پائی جاتی ہیں۔ اگر آزاد غزلیں مکمل طور پر فنی نقائص سے پاک اور ندرتِ خیال کی مظہر بھی ہوں تب بھی ان کے ہیئتی ڈھانچے کو غزل کی مروجہ ہیئت کی توسیعی صورت قرار نہیں دیا جاسکتا۔ اسی طرح

معریٰ غزل اور نثری غزل کے بھی جو نمونے سامنے آئے ہیں، ان کی حیثیت بھی غزل کے ساتھ مذاق کی سی ہے۔ ان ہیئتی نمونوں نے جس مضحکہ خیزی کو پروان چڑھایا ہے اس سے غزل کا دور کا بھی واسطہ نہیں۔ اس لیے ان تمام ہیئتی سانچوں میں لکھی جانے والی منظومات کو کوئی بھی نام دیا جائے انہیں کسی طور بھی غزل نہیں کہا جا سکتا۔

حواشی

(۱) خشک چشمے کے کنارے، لاہور، مکتبۂ خیال، ۱۹۸۶ء، ص ۲۱۔

(۲) محاسن، ملتان، بیکن بکس، ص ۳۶۔

(۳) "رس رچنا کا" (مضمون)، ماہ نامہ شام و سحر، لاہور، مئی ۱۹۹۴ء، ص ۸۔

(۴) نئی پاکستانی غزل۔۔۔ نئے دستخط، لاہور، خالدین، س ن، ص ۸۹۔

(۵) ایضاً، ص ۷۱۔

(۶) غزل مطبوعہ: سہ ماہی ادبیات، اسلام آباد، شمارہ ۲۰، گرما ۱۹۹۲ء، ص ۱۳۹۔

(۷) غزل مطبوعہ: سہ ماہی ادبیات، ایضاً، ص ۱۳۸۔

(۸) غزل مطبوعہ: سہ ماہی ادبیات، اسلام آباد، شمارہ ۱۶، ۱۹۹۱ء، ص ۱۰۵۔

(۹) غزل مطبوعہ: سہ ماہی فنون، لاہور، شمارہ ۱۱۷، اپریل تا اگست ۲۰۰۲ء، ص ۲۶۸۔

(۱۰) بارِ مسلسل، لاہور، کتاب نما، اوّل ۱۹۹۵ء، ص ۶۷۔

(۱۱) قوس، لاہور، کُتب نما پبلشرز، س ن، ص ۳۸۔

(۱۲) غزل مطبوعہ: سہ ماہی ادبیات، اسلام آباد،، شمارہ ۲۰، گرما ۱۹۹۲ء، ص ۱۳۴۔

(۱۳) اُردو غزل میں ہیئت کے تجربے (مضمون)، مشمولہ: معاصر اُردو غزل، دہلی، اُردو اکادمی، ۱۹۹۴ء، ص ۵۱، ۴۸، ۴۷۔

(۱۴) رطب و یابس کا شاعر (دیباچہ)، رطب ویابس، ظفر اقبال، لاہور، جنگ پبلشرز، ۱۹۹۱ء، ص ۱۶۔

(۱۵) غزلیہ، لاہور، خالد اکیڈمی، دوم ۱۹۸۳ء، ص ۱۱۔

(۱۶) ایضاً۔ ص ۱۲۔

(۱۷) ایضاً۔ ص ۱۳۔

(۱۸) (نوٹ)، ماہنامہ "افکار"، کراچی، اگست ۱۹۸۰ء۔

(۱۹) نقد و نگارش، کراچی، مکتبہ اسلوب، اوّل، ۱۹۸۵ء، ص ۲۴۰۔

(۲۰) آزاد غزل کا لسانیاتی عمل (مضمون)، ماہ نامہ "اوراق" (خاص نمبر)، لاہور، جون، جولائی ۱۹۸۹ء، ص ۲۵۰۔

غزل کا مستقبل

(تکنیک، ہیئت اور عروض کے حوالے سے)

زمانہ بہت تیز رفتاری سے کروٹیں بدل رہا ہے۔ سائنس اور ٹیکنالوجی کی پیش رفت نے اُن مسلمات کی حیثیت کو فسانۂ محض قرار دے دیا ہے جنھیں اجتماعی انسانی ذہن کا اعتبار حاصل تھا اور وہ عناصر جنھیں کل تک محض وہم و گماں کا شاخسانہ سمجھا جاتا تھا آج حقیقت کا روپ دھارے ہمارے سامنے جلوہ فگن ہیں۔ ناممکنات ممکنات کی صورت اختیار کر چکے ہیں، فکر و نظر کی دُنیائیں انقلابات کی زد میں آ کر نئے میدانوں میں سرگرمِ عمل ہیں۔ اس میں شُبہ نہیں کہ سائنسی ایجادات اور انکشافات نے انسانی زندگی کو باثروت بنایا ہے اور اس کے دائرۂ عمل میں وسعت پیدا کر دی ہے تاہم اس سائنسی انقلاب آفرینی نے انسان کو بے یقینی کی کیفیت سے دوچار کیا ہے۔ آج فکر و نظر کے تمام گوشوں پر تشکیک سایہ فگن ہے۔ اس صورتِ حال میں کہ جب لمحۂ موجود کے حوالے سے کُچھ کہنا مشکل ہے، مستقبل کے بارے میں کسی قسم کی پیشین گوئی خوش فہمی کے سوا کچھ نہیں اور پھر ادب یا اس کی کسی اہم ترین صنف کے مستقبل کے بارے میں قیاس آرائی اور زیادہ مشکل کام ہے۔ کیا خبر کہ آج ہم جس ادبی صنف کے مستقبل کے حوالے سے اندازے قائم کر رہے ہوں

کل وہ صنف ہی باقی نہ رہے اور ہمارے سارے ظن و تخمیں دھرے کے دھرے رہ جائیں۔ لیکن اس طرح محض "موجود" کا تابعِ فرمان بن جانا "ناموجود" سے اپنے آپ کو الگ کر لینے کے مترادف ہے۔ یہی وہ نقطہ ہے جہاں سے سائنس اور ادب کی راہیں جدا ہو جاتی ہیں۔ ادب "موجودات" کا تابع نہیں یہ "موجود" سے "ناموجود" اور "دیدہ" سے "نادیدہ" جہانوں کی سمت سفر میں رہتا ہے۔ تخیل اس کی روح ہے اور تخیل کی پرواز ان فضاؤں میں ہے جہاں "پاسبانِ عقل" کے پر جلتے ہیں۔

اُردو اور فارسی ادبیات کی تاریخ کا مطالعہ کیا جائے تو معلوم ہو گا کہ تمام اصنافِ سخن میں غزل ہی وہ واحد صنف ہے جس نے انقلاباتِ مسلسل کی زد میں رہنے کے باوجود اپنے تشخص کو برقرار رکھا ہے۔ سخت سے سخت ابتلاؤں اور مشکل سے مشکل امتحانوں میں یہ کام یاب رہی ہے۔ اُردو میں غزل کی اولیں نمود ریختہ کی صورت میں تھی، یہ تکنیکی لباس اس کے قدِ موزوں کے مناسب نہ تھا اس لیے اس نے ریختہ کی دشوار گزار گھاٹیوں کو عبور کر کے اور دکنی و گُجری کی تنگناؤں سے گزر کر اپنے لیے ایک ایسا دیدہ زیب اور نظر کشا لباس تیار کر لیا جس میں اس کا سراپا کامل صورت میں جلوہ گر ہوا۔ اس موڑ پر غزل نے اپنے مزاج کے مطابق موضوعات، اسالیب، ہیئت، لفظیات اور تکنیک کے لیے ایسے معیارات اور پیمانے وضع کیے جو اس کی شناخت کا سبب اور اس کی بقا کی ضمانت ٹھہرے۔ غزل نے آئندہ سفر میں ان معیارات اور پیمانوں سے کہیں صرفِ نظر نہیں کیا۔ اس نے زمانے کے بدلتے ہوئے رنگوں کے مطابق موضوعات، اسالیب، لفظیات اور تکنیک کی نئی صورتوں کو قبول کیا لیکن نئی صورتوں کی یہ قبولیت اس کے معیارات سے

کہیں متصادم نہیں۔ گویا غزل ایسی صورتوں کو قبول کرنے سے قاصر ہے جو اس کے معیارات سے ہم آہنگ نہ ہوں۔ یہی وجہ ہے کہ غزل جن جن راستوں سے گزری ہے وہاں سے اس نے صرف وہی پھول چُنے ہیں جو اس کے معیارات پر پورے اترے، جھاڑ جھنکار کو اس نے دامن گیر نہیں ہونے دیا۔ مثال کے طور پر ابہام گوؤں نے غزل کو لفظی گورکھ دھندے میں اُلجھانے کی کوشش کی اور ابہام کو اس کی شناخت قرار دینے کا جتن کیا مگر یہ پینترا بازی اور صنعت گری غزل کے معیارات سے متصادم تھی اس لیے غزل نے اس رنگ کو قبول نہیں کیا۔ اسی طرح ریختی گوؤں نے بھی غزل پر مسلط ہونے کی کوشش کی تھی لیکن غزل نے اس رنگ کو بھی قبول نہ کر کے اپنے معیارات کا دفاع کیا۔ غزل کے طویل سفر میں بعض ایسے مقامات آئے ہیں جب غزل ایسے رجحانات کی لپیٹ میں آئی ہے جو اس کے معیارات سے ہم آہنگ نہ تھے لیکن یہ گرفت وقتی اور عارضی ثابت ہوئی اور بہت جلد غزل ان کی گرفت سے نکل کر اپنے روایتی جادہ پر گامزن ہوگئی۔ پروفیسر سید محمد عقیل غزل کے اس وصف سے متعلق رقم طراز ہیں:

"ہنگامیت غزل کو کبھی باندھ نہیں سکی اور جو غزل ہنگامیت کے ساتھ چلی وہ وقت کے ساتھ وہیں چھوٹ گئی اور غزل اس ہنگامیت کا بھی عطر لے کر پھر اپنی روایت کے کارواں میں شامل ہو جاتی ہے، اس کی روایت کا کارواں، دل کی منزل کی تلاش میں آج بھی سرگرمِ رفتار ہے۔ غزل میں سے اگر "جنوں صفاتی" ختم ہوگئی تو پھر اس کے پاس کیا رہ جائے گا؟"(۱)

غزل کے طویل تخلیقی سفر کو نگاہ میں رکھیں تو یہ معلوم ہو جائے گا کہ غزل

ایسی عجیب صنفِ سخن ہے جو بہ یک وقت لچک بھی رکھتی ہے اور شدت بھی۔ یہ دونوں حالتیں اگرچہ ایک دوسرے کی ضد ہیں تاہم غزل کا مزاج انھی دو متضاد حالتوں کے ارتباط سے عبارت ہے۔ غزل نے نئے زمانے کے تقاضوں سے ہم آہنگ ہونے اور اپنے دائرے کو وسعت آشنا کرنے کے لیے ہمیشہ اظہار کی نئی صورتوں کے لیے درِ دل وار کھا ہے، غزل کا یہ رویہ اس کی لچک کا غماز ہے۔ اس کے برعکس غزل اپنے معیارات کی سختی سے پابند رہی ہے اور ان معیارات پر کسی قسم کا سمجھوتا کرنا اس کے مزاج میں شامل نہیں ہے، غزل کا یہ رویہ اس کی شدت اور سختی کو ظاہر کرتا ہے۔ غزل کے ان دونوں رویّوں کو نگاہ میں رکھے بغیر اس کے مزاج کو مکمل طور پر سمجھنا ممکن نہیں، یہی وجہ ہے کہ غزل کے حوالے سے کیے گئے ایسے تجربات ناکام ہوئے ہیں جن میں غزل کی لچک اور شدت کو پیشِ نظر نہیں رکھا گیا۔

غزل کے روشن ماضی اور درخشاں حال کو سامنے رکھتے ہوئے یہ اندازہ قائم کرنا مشکل نہیں کہ اگر غزل بہ طور صنفِ سخن زندہ رہی تو اس کا مستقبل بھی تاب ناک ہوگا۔ جہاں تک بہ طور صنفِ سخن اس کے زندہ رہنے کا تعلق ہے اس کی صنفی خصوصیات میں ایسے امکانات موجود ہیں جو آئندہ زمانوں میں اس کے وجود کو باقی رکھنے کی صلاحیت رکھتے ہیں، جیسے غزل ہر دور کے تقاضوں سے ہم آہنگ ہونے کا ہُنر جانتی ہے۔ غزل خیال و فکر کے بدلتے ہوئے رنگوں اور احساس و ادراک کے نئے موسموں کو دوسری اصنافِ سخن کی نسبت جلد قبول کر لینے اور ان کو بہ تمام و کمال لباسِ اظہار عطا کرنے قدرت رکھتی ہے۔ غزل اپنے اس وصف کی بنا پر آئندہ زمانوں میں بھی ایک مقبول شعری صنف کی حیثیت سے باقی رہے گی۔ غزل کی ایک

اہم خصوصیت اس کا ایجاز و اختصار ہے، دو مصرعوں کے قالب میں فکر و خیال کی وسعتیں سمٹ آتی ہیں یہ خوبی فی الواقع دریا کو کوزے میں بند کرنے کے مترادف ہے۔ آنے والے زمانوں میں فرصت و فراغت کا ماحول عنقا ہو جائے گا، تخلیق کار نظم کے طویل سانچوں کی بجائے ایسی ہیئت کا انتخاب کریں گے جس کے ذریعے کم سے کم وقت میں تخلیقی عمل مکمل ہو جائے۔ غزل کی ہیئت آئندہ زمانے کی برق رفتاری اور سبک گامی کا ساتھ دینے کی پوری صلاحیت رکھتی ہے۔

اصنافِ سخن میں غزل کی امتیازی حیثیت اس کے معیارات کے باعث ہے، ان معیارات کے تحفظ میں ہی اس کی حیات اور بقا پوشیدہ ہے۔ عہدِ حاضر میں غزل کے منظر نامے پر کچھ ایسے منفی عوامل کارفرما دکھائی دیتے ہیں جن کی موجودگی غزل کے معیارات کے لیے کسی طرح بھی مفید نہیں، اس صورتِ حال میں یہ خدشہ ابھر کر سامنے آرہا ہے کہ اگر یہ منفی عوامل اسی طرح سرگرمِ سفر رہے تو غزل اپنے معیارات کا دفاع کرنے کی صلاحیت سے محروم ہو جائے گی اور اس کے مستقبل کی تاب ناکی کا خواب شرمندۂ تعبیر نہ ہو سکے گا۔ ذیل میں ان منفی عوامل کی نشان دہی کی جاتی ہے:

ا۔ ہر روز غزل کے کئی مجموعے شائع ہو رہے ہیں جن کا معیار انتہائی پست اور گرا ہوا ہے۔ ادبی رسائل و جرائد اور اخبارات کی ادبی اشاعتوں میں بھی غزل کے نام پر جو تخلیقات شائع ہو رہی ہیں ان میں سے اکثر و بیش تر زندہ رہنے کی صلاحیت سے محروم ہیں۔ ادبی دھڑے بندی کے خمار میں سرگشتہ ناقدین ان بے حیثیت منظومات کی تعریف و توصیف میں زمین و آسمان کے قلابے ملا رہے ہیں۔ یہ صورتِ

حال اگر اسی طرح بر قرار رہی تو خدشہ ہے کہ غزل کی مقبولیت ہی اس کے راستے کی دیوار بن جائے گی۔

۲۔ مشاعرے کی روایت اور اصلاح کا نظام قریب قریب دم توڑ چکے ہیں۔ غزل کے معیارات کو بر قرار رکھنے میں ان اداروں کا کردار انتہائی اہمیت کا حامل رہا ہے۔ نو واردانِ غزل کی فکری و فنی تربیت کے لیے اس قسم کے اداروں کا وجود انتہائی ناگزیر ہے۔ عہدِ موجود میں ان اداروں سے گریز پائی کے نتیجے میں شعری اصولوں اور ضابطوں سے بے خبری بڑھ رہی ہے۔ یہ قواعد و ضوابط کی عدم پیروی معیاراتِ غزل کے لیے نیک فال نہیں۔

۳۔ مطالعے کا رجحان روز بہ روز کم ہو رہا ہے، تخلیق کار کے لیے مطالعہ جہاں ٹھوس علمی اساس کی تشکیل میں مدد دیتا ہے وہاں اس کے لیے نئے امکانات کے دریچے بھی وا کرتا ہے۔ عہدِ موجود کے بیش تر غزل گو شاعر مطالعے کی کمی کے باعث موضوعات کی تنگ دامانی، مواد کی بے ترتیبی اور زبان و بیان کی غلطیوں کا شکار ہو رہے ہیں۔ اس رجحان کے باعث غزل کی تخلیقی فضا مکدر ہو رہی ہے۔

۴۔ غزل کی روایت اور اس کی صنفی حیثیت کو نگاہ میں رکھے بغیر غزل کی ہیئت میں جو تجربے کیے جا رہے ہیں وہ غزل کے معیارات سے متصادم ہیں۔ آزاد غزل، معریٰ غزل اور نثری غزل جیسے تجربات ہیئت برائے ہیئت کے شوق کا نتیجہ ہیں جو زیادہ دیر تک قائم نہیں رہ سکیں گے اور انھیں قبول کا شرف عطا نہیں ہو سکے گا مگر اس کے باوجود غزل کی مروجہ ہیئت کے بارے میں شکوک و شُبہات بڑھ رہے ہیں۔ ہیئت شکنی کا یہ رویہ غزل کی شناخت کو مٹانے کے درپے ہے۔

غزل کے منظر نامے پر پھیلے ہوئے ان منفی عوامل کے مہیب سائے اگرچہ پریشان کُن صورتِ حال کے عکاس ہیں تاہم غزل ایسی سرد و گرم چشیدہ صنفِ سخن ہے جو زوال اور ادبار کی فضا میں زیادہ توانائی کے ساتھ ابھر کر سامنے آتی ہے۔ ناقابلِ عبور گھاٹیوں اور تنگ و تاریک رستوں میں اس کی رفتار جوئے رواں کو شرمانے لگتی ہے۔ ڈاکٹر وزیر آغا نے غزل کو لوہے کے سپرنگ سے تشبیہ دی ہے(۲)ان کے نزدیک جس طرح سپرنگ دباؤ سے سمٹ جاتا ہے مگر دباؤ ہٹنے سے لپک کر اپنی اصل جگہ پر آجاتا ہے بعینہٖ غزل منفی عوامل کے دباؤ سے وقتی طور پر دب جاتی ہے مگر جیسے ہی اس دباؤ کی گرفت ڈھیلی پڑتی ہے غزل اپنی صورتِ اصلی میں جلوہ گر ہو جاتی ہے۔ عہدِ موجود کے منفی عوامل کا دباؤ بھی غزل کی صورتِ اصلی کو بگاڑ نہ سکے گا اور غزل اسی طرح فتح و ظفر کے پھریرے لہراتی اگلی منزلوں کی طرف رواں دواں رہے گی۔

اکیسویں صدی کی ابتدا میں ہی غزل کی جبین پر ایسے ستارے چمکتے دکھائی دے رہے ہیں جو نئے امکانات کی بشارتوں سے معمور ہیں، ان کے آئنے میں غزل کے آئندہ سفر کی تابانی پوری طرح جھلکتی نظر آتی ہے:

لوگ سو جائیں تو رُکتا نہیں باتوں کا سفر
رات ہو جائے تو آپس میں مکاں بولتے ہیں

شناور اسحاق (۳)

ہمارے پاس بھی کُچھ دھڑکنوں کے قصے ہیں

مگر وہ حیطۂ گفتار میں نہیں آتے
شناور اسحاق (۴)

جس کو کبھی گنوا دیا کارِ جہاں کے درمیاں
چاہا تو تھا کہ ہم اسے بارِ دگر پکارتے — ظہور چوہان (۵)

میں اپنے آپ میں تقسیم ہونے لگتا ہوں
اسے کہو کہ مرے سامنے نہ آیا کرے — ظہور چوہان (۶)
روشن بھی نہیں کرنا کسی طاقِ نظر کو
یہ شمعِ رہِ خواب بُجھانی بھی نہیں ہے — ارشد نعیم (۷)

کُچھ اب کے اتنی بلندی پہ آ گیا ہوں میں
ہوا کی سانس بھی ساحر جہاں اکھڑتی ہے — پرویز ساحر (۸)

جن میں کُچھ تازگی و معنی و مطلب ہی نہ ہو
ایسی باتوں سے ہم امیدِ اثر کیا باندھیں — پرویز ساحر (۹)

کون دیتا ہے ترے ساز کو آہنگِ دگر
زندگی کون ترے زیر و زبر کھینچتا ہے — سارنگ ساگر (۱۰)

غزل کی نمو عشق و محبت کے ان موسموں میں ہوئی ہے جن کا نصیب بہارِ جاوداں ہے، خوفِ خزاں سے بے نیاز ان موسموں نے اس صنفِ سخن کو اعتبارِ بقا بخشا ہے اس لیے غزل اگر یہ دعویٰ کرتی ہے تو بے جا نہیں ہے کہ:

ثبت است بر جریدۂ عالم دوامِ ما

حواشی:

(۱) غزل کے نئے جہات، نئی دہلی، مکتبۂ جدید، ۱۹۸۹ء، ص ۱۷۳۔

(۲) نئے مقالات، سرگودھا، مکتبۂ اُردو زبان، اوّل ۱۹۷۲ء، ص ۱۵۷۔

(۳) غزل مطبوعہ: ماہ نامہ دلچسپ (غزل نمبر)، گوجرانوالہ، فروغِ ادب اکادمی، جنوری، ۲۰۰۳ء، ص ۱۴۱۔

(۴) ایضاً، ص ۱۴۱۔

(۵) ہجر اک مسافت ہے، ملتان، کتاب نگر، اوّل، ۲۰۰۱ء، ص ۲۵۔

(۶) ایضاً، ص ۳۵۔

(۷) غزل مطبوعہ: ماہ نامہ دلچسپ (غزل نمبر)، ص ۲۰۔

(۸) دیئے کا کنارہ، فیصل آباد، ہم خیال پبلشرز، اوّل، ۲۰۰۳ء، ص ۶۰۔

(۹) ایک پر ہوا کا، فیصل آباد، ہم خیال پبلشرز، اوّل، ۲۰۰۲ء، ص ۷۷۔

(۱۰) سہ ماہی "فنون"، لاہور، شمارہ ۱۱۷، اپریل تا اگست ۲۰۰۲ء، ص ۲۷۸۔

***